JN092461

実践につながる

道徳教育論

藤川信夫 監修

國崎大恩
Kim Mawer 編著

北樹出版

巻　頭　言

　政治と特定の宗教団体との深いつながり、政治資金パーティー収入の裏金問題、芸能界に潜むさまざまな暴力など、私たちの社会が抱えてきたさまざまな闇の部分の顕在化、それらを報じることに消極的な大手マスコミの為体、さらには 2024 年元旦に発生した能登半島地震と一向に進まない被災者支援。このような最近の出来事を想えば、今まで正しいと信じていたことを抜本的にとらえ直すべき時代に生きているということを、誰しも意識せざるをえないのではないでしょうか。子どもたちもまた、時代の大きな変わり目に生きているということを日々敏感に受け止め、時に憤り時に不安を覚えているはずです。

　では、私たちは、おとなの代表あるいは人生の先輩として、そうした子どもたちにどう向きあえばよいのでしょうか。まさにそれがわからないがために、教職をめざすことに躊躇している学生たちも少なくないことでしょう。実のところどう向きあうべきかわからないにもかかわらず、「生きた手本」として子どもたちの前に立たなければならないことに、後ろめたさを感じる人がいることは理解できます。

　しかし、「生きた手本」であろうとすること自体が間違っているわけではありません。むしろ大切なのは、それがどのような手本なのかということでしょう。

　たしかに道徳の教科化に伴い、「学習指導要領」に準拠した教科書も用いられるようになりました。よって、教科書に即して１つずつ単元をこなしていき、時には適度に体験活動を盛り込みながら、子どもたちに道徳を教えている「ふり」をすることは容易になりました。教育という「仕事をしているふり」、もっとひどい言い方をすれば「アリバイ作り」は、以前に比べてはるかに容易になったのです。もちろん、子どもたちは、あいもかわらずそうした「ふり」を続ける私たちの姿からですら、ある意味で（＝「隠れたカリキュラム」として）大切なことを学ぶかもしれません。すなわち、この厳しい社会のなかで生き延

びるための術<ruby>術<rt>すべ</rt></ruby>として、ホンネを隠し演じきることの大切さを。しかし、そうした術であれば疲れ果てて帰宅し職場の愚痴をこぼす家族や国会中継からも学ぶことができるわけですから、そこに芝居好きの教師の出番はあまりないようにも思えます。それ以上に教師にとって厄介なのは、そうした術がもはや機能しないということ、何の問題解決にもならないということを、子どもたち自身がすでに察知してしまっており、したがって教師の「ふり」がもはやいかなる意味でも「手本」になりえないということでしょう。

　たしかに、子どもたちに容易に偽装を見抜かれない程度にまで「ふり」の精度を上げるという選択肢もないわけではありません。しかし、そうした高度な「ふり」によって、子どもたちに「私たちの先生だけはほかの大人たちとは違う」と信じ続けさせることがはたしていつまで可能でしょうか。それよりもむしろ、せめて道徳科の授業のなかだけでも、子どもたちの知らないことを知っている、子どもたちにできないことができるという「ふり」をやめてみてはどうでしょうか。実のところ何も知らず何もできず、だからこそ迷い、後悔し、かといって希望を失うこともなく、時に子どもたちに智恵を求め子どもたちから教わろうともする、まさにそうした姿を「生きた手本」として呈示するという選択肢もあるのではないでしょうか。いい換えるなら、道徳科の授業では「考え、議論する」ことが学習目標となっていますが、この「考え、議論する」人のなかに教師自身も含めて考えるということです。

　本書は、教員養成課程で学ぶ大学生、つまり学校で道徳科を教えることになる将来の教師のために書かれたものです。ですから、その内容次第では、道徳を知り道徳を教えることができる「ふり」をする未来の教師を養成している「ふり」をするという二重の偽装を大学教員に許すものにもなりかねません。しかし、本書を読み進めていけば、道徳とは何か、道徳教育とは何か、どう道徳の授業をすればよいのかといった問いに対する明確な答えがどこにも記されていないことに気づくはずです。それは、大学の授業のなかで、将来の教師だけでなく、大学教員をも含めて、「考え、議論する」ことに慣れ、またそのおもしろさに気づいてもらうためです。この「考え、議論する」という言葉を真

摯に受け止めるとき、それは時代の大きな変わり目における道徳教育とそれに向けた教員養成にとって、これまで正しいと信じていたことを抜本的にとらえ直すための、1つの大きな挑戦になるはずです。

監修者　藤川信夫

■教職課程コアカリキュラム

道徳の理論及び指導法

（授業科目名例：「道徳教育の理論と実践」「道徳教育の理論と方法」「道徳教育指導論」など）

全体目標：道徳教育は、教育基本法及び学校教育法に定められた教育の根本精神を踏まえ、
自己の生き方や人間としての生き方を考え、主体的な判断の下に行動し、自立し
た人間として他者と共によりよく生きるための基盤となる道徳性を育成する教育
活動である。

道徳の意義や原理等を踏まえ、学校の教育活動全体を通じて行う道徳教育及びそ
の要となる道徳科の目標や内容、指導計画等を理解するとともに、教材研究や学
習指導案の作成、模擬授業等を通して、実践的な指導力を身に付ける。

（1）道徳の理論

一般目標：道徳の意義や原理等を踏まえ、学校における道徳教育の目標や内容を理解す
る。

到達目標：1）道徳の本質（道徳とは何か）を説明できる。

2）道徳教育の歴史や現代社会における道徳教育の課題（いじめ・情報モラル
等）を理解している。

3）子供の心の成長と道徳性の発達について理解している。

4）学習指導要領に示された道徳教育及び道徳科の目標及び主な内容を理解し
ている。

（2）道徳の指導法

一般目標：学校の教育活動全体を通じて行う道徳教育及びその要となる道徳科における指
導計画や指導方法を理解する。

到達目標：1）学校における道徳教育の指導計画や教育活動全体を通じた指導の必要性を
理解している。

2）道徳科の特質を生かした多様な指導方法の特徴を理解している。

3）道徳科における教材の特徴を踏まえて、授業設計に活用することができる。

4）授業のねらいや指導過程を明確にして、道徳科の学習指導案を作成するこ
とができる。

5）道徳科の特性を踏まえた学習評価の在り方を理解している。

6）模擬授業の実施とその振り返りを通して、授業改善の視点を身に付けてい
る。

教職課程コアカリキュラム対応表

　下記の表は各章と教職課程コアカリキュラムに掲げられた到達目標との対応関係を示したものです。教職課程の授業を計画する際にご活用ください。

到達目標 / 本書		(1) 道徳の理論				(2) 道徳の指導法					
		1)	2)	3)	4)	1)	2)	3)	4)	5)	6)
第Ⅰ部 道徳の理論	第1章	○	○	○							
	第2章	○	○	○							
	第3章	○	○	○							
	第4章	○	○								
	第5章		○		○						
	第6章		○		○						
	第7章		○		○						
第Ⅱ部 道徳の指導法	第8章				○	○	○	○	○		
	第9章				○		○	○	○		
	第10章				○		○	○	○		
	第11章				○		○	○	○		
	第12章				○		○	○	○		
	第13章					○				○	
	第14章						○			○	○
	第15章									○	○

ntents

第Ⅱ部　道徳の指導法

実践につながる
道 徳 教 育 論

序 道徳教育について学ぶとは どういうことか？

「道徳の理論および指導法」について

　学校教員にはさまざまな資質能力が求められます。たとえば、教員免許を取得するために必要な授業をあげてみましょう。教科等の専門的内容やその指導法を学ぶ授業、教育の理念や子どもの発達など教育の基礎的なことがらについて理解を深める授業、さらには生徒指導や教育相談といった学校での具体的な指導について学ぶ授業まで、多岐にわたっています。そのなかで、「道徳の理論および指導法」もまた、教員をめざす学生が学ぶべきことがらとして位置づけられています。それでは道徳の理論および指導について、具体的にどのようなことを学び、また、そもそもなぜその学びが教員に求められるのだと思いますか。

【自分の考え】

【そのように考えた理由】

第1節　道徳の理論および指導法とは

　学校における道徳教育と聞くと、みなさんはどんなことを思い浮かべますか。小・中学生だった頃に受けた週1時間の道徳の授業を思い浮かべる人も多いでしょう。週1時間の授業で十分な道徳教育ができるわけがない、先生が求めていそうな答えをいうだけの授業、特定の価値観を押しつけようとする偏った授業、そんな声まで聞こえてきそうです。あるいは、小・中学校の教諭をめざす学生であれば悩みの種として、高校・養護・栄養の教諭をめざす学生であれば対岸の火事として思い浮かべるだけなのかもしれません。しかし、そのいずれもが見当違いのものであるといわざるをえません。

　まず、小学校から高等学校まですべての学校段階において、道徳教育は「学校教育全体を通じて行うもの」とされており、各教科や総合的な学習（探究）の時間、特別活動などそれぞれの特質に応じて適切に指導することが求められています。つまり、養護・栄養の教諭を含め小・中・高等学校の教員全員が道徳教育を行わなければならないのです。小・中学校における道徳の授業は、「各活動における道徳教育の要として、それらを補ったり、深めたり、相互の関連を考えて発展させたり統合させたりする役割を果たす」（文部科学省 2017a, 8頁, 2017b, 10頁）ものであり、それによってのみ道徳教育が行われるわけでは決してありません。したがって、道徳の授業を行う機会がないからこそ、学校教育全体を通じてどのように道徳教育を行うのかという問題が、高校教諭・養護教諭・栄養教諭にとってより切実なものになるともいえるでしょう。

　また、2015年に「道徳の時間」が「特別の教科 道徳」として位置づけられたことに伴い、抜本的な見直しを迫られているのが道徳の授業のあり方です。そこでは、「読み物の登場人物の心情理解のみに偏った授業」や「決まりきった答えを言わせたり書かせたりする授業」から「考え、議論する授業」へと、その質の転換が図られています。したがって、小学校教諭と中学校教諭にとって道徳の授業は、できれば避けて通りたい悩みの種にとどまるどころか、これまで以上に多様な創意工夫が求められるあらたな教育の実験場でもあるので

す。

　以上より、校種・教科にかかわらず、すべての学校教員が道徳教育について学ぶ必要があるといえるでしょう。それでは道徳教育について学ぶとは具体的に何を学ぶことなのでしょうか。このことについて、道徳の理論と道徳の指導法のそれぞれから考えてみましょう。

　はじめに、道徳の理論を学ぶとはどういうことか考えてみましょう。近年の研究から、多くの哺乳動物にも二者関係での共感や協力といったものがみられることがわかってきました。人類はそれらを共同体や社会の道徳へと発展させ、さらには応答責任や共生の倫理へと高次化させることで、多種多様な道徳文化を創出してきたとも指摘されています（トマセロ 2020）。換言すれば、「道徳や倫理は人間や社会のあり方を土台で支えている」（松下 2023, 44 頁）のです。したがって、道徳の理論を学ぶということは、自己、他者、集団、動物や自然との関係、さらには政治や法、経済に至るまで、これらすべてを根底で支えているものを学ぶことであるということができます。

　つぎに、道徳の指導法を学ぶとはどういうことか考えてみましょう。**道徳**とは、「特定の集団や社会で承認される慣習としての規範の総体」（山田 2023, 116 頁）として定義されます。したがって、**道徳教育**とは、「集団を維持するために必要な規範を個々の成員に内面化する営み」であり、同時に「内的な道徳法則に従う主体の意思（良心）を育む営み」でもあります（上掲書 116 頁）。そこから、道徳の指導法を学ぶとは、学校で規範をわかりやすく教える授業方法を学ぶということにとどまらず、規範の内面化と主体の意思の教育という人間個人の生に関わる指導のあり方を学ぶことでもあるということができます。

　つまり、道徳の理論および指導法は、学校における道徳教育をいかに円滑に行うのかという方法的問題に関わるだけでなく、人間や社会、そしてそこで生きる子どもたちの生のあり方を問う存在論的問題にも関わるものなのです。そして、教育実践が子どもたちの生に関わる営みであることをふまえるならば、道徳教育について学ぶとは、道徳教育に限らず教育実践それ自体のあり方を問い直すことでもあるといえます。なぜ道徳教育についての学びが教員に求めら

れるのか、その理由は学校での道徳教育を超えたところにあるのです。

 ## 第2節　道徳教育について学ぶ全15章

　本書は2部構成となっており、道徳の理論と道徳の指導法それぞれについてさまざまな観点から論じています。そこで読者のみなさんが本書をよりうまく活用できるよう、各章の内容を簡単にまとめてみたいと思います。

1. 道徳の理論

　本書の前半では、思想的・歴史的観点から道徳の理論について論じています。

(1) 道徳・道徳教育についての思想的考察

　第1章では、道徳教育における「考え、議論する」ことの重要さについて論じられ、道徳が複数性や多元性を特徴としている以上、知的省察と批判的思考が必要であると指摘されます。続く第2章では、近代のさまざまな道徳理論が検討され、利己心と道徳の二項対立を超えた道徳原理の複数性というものが明らかにされるとともに、それを乗り越えるためのあらたな道徳の原理を作り出す視点が見出されます。さらに第3章では、技術がもつ道徳性について論じられ、人間と技術の相互作用によって行為が規定されるという見方から道徳性を考える新しい視点が提示されます。

(2) 日本の学校における道徳教育の歴史的考察

　第4章では、明治期から第二次世界大戦の終結までの道徳教育の歴史が概説され、戦前の修身科においても多様な教育実践が試みられたこと、他方で戦中においては新教育的な手法が利用されることにより、子どもたちが教育勅語の精神を自発的に身につけていったことなどが指摘されます。そして第5章では、第二次世界大戦の終結から現在に至るまでの道徳教育の歴史が概説され、系統主義と経験主義のあいだで道徳教育が揺れ動いてきたこと、その揺れ動きのなかで道徳教育に構造的な歪みが生じたことなどが指摘されます。

（3）学校外部の視点からの道徳教育に関する社会的考察

第6章では、学校教育と対になる家庭教育の視点から道徳教育が考察され、教師自身がみずからの家族観や家庭観を相対化する必要性があることが指摘されます。また、第7章では、時に学校教育と対立し、時に学校教育を補う学習塾の視点から道徳教育が考察され、現代の子どもたちが、学校教育と学習塾という二重構造から生じる矛盾やジレンマによって、道徳科の授業で提示される教材よりもはるかに複雑な矛盾やジレンマに直面していることが明らかにされます。

2. 道徳の指導法

本書の後半では、道徳科の授業計画からふり返りまで、その全体について論じています。

（1）授業計画・ねらいの設定

第8章では、道徳科の授業においてねらいをどのように定めればよいのかが論じられ、「子どもにこうなってほしい」という教師の願いに含まれる望ましさを、他者の視点を取り入れながら吟味することが重要であると指摘されます。

（2）内容項目の理解

第9～12章では、道徳教育の内容項目を分類整理する4つの視点のそれぞれから、道徳科の授業を計画・実施・評価する際の留意点などについて論じられます。第9章では、視点A「主として自分自身に関すること」が扱われ、現代における自己や主体を安定し独立した実体としてではなく、他者やものごととの関係のなかで変化し続けていくものとして理解すべきこと、そして教師自身もその関係の一部を構成するものとして考える視点の必要性が指摘されます。第10章では、視点B「主として人との関わりに関すること」が扱われ、道徳的価値の理解を深めるためには道徳的価値の実現をめぐる運動に着目する必要があると提言されます。第11章では、視点C「主として集団や社会との関わりに関すること」が扱われ、さまざまな背景をもつ人々が衝突や葛藤を抱えながらも共生できる包摂の可能性が指摘され、不平等な構造の変化・改善に

向けて私たちがいかにあるべきかが示されます。第12章では、文学作品『花さき山』を題材として、視点D「主として生命や自然、崇高なものとの関わりに関すること」が扱われ、「畏敬の念」は「人間の力を超えたもの」に対していだく感情であり、その対象は広くとらえられること、それゆえに、「畏敬の念」は私たちが世界を複眼的にまなざす機会を与えうることが指摘されます。

(3) 子どもへの評価

第13章では、童話『ないた赤おに』を題材として、授業のねらいから外れた子どもの意見をどのように評価するのかが論じられ、構造把握とナラトロジー分析という技法がねらいと違った子どもの意見を評価する有効な手法になりうることが指摘されます。

(4) 道徳科の授業実践

第14章では、道徳科における主体的・対話的で深い学びの実践事例として、舞台俳優によって実施された道徳の授業が取り上げられます。その授業は、演劇手法を用いた「教えない」道徳授業として特徴づけられます。この授業では、教師（俳優）と児童生徒の関係を逆転させることで、子どもたち自身が教材の内容と価値を「多面的・多角的」に考えることを可能にしています。

(5) 授業の評価・ふり返り

第15章では、教師自身が道徳科の授業をふり返り評価するための手法として、エスノメトリー法という方法が紹介されます。エスノメトリー法は、授業での児童生徒の身体的表現の変化を数値化し、授業の多面的・多角的な評価を可能にする方法ですが、一定の制約によって測定や評価の弊害を回避しようとする点に特徴があることが指摘されます。

 ## 第3節　実践に向けて──本書の読み方／使い方

本書は読者のみなさんが道徳教育の実践に寄与する理論や指導法を学ぶなかで、道徳教育ひいては教育実践そのものを問い直すことができるよう、つぎの2つの工夫をしました。

1. 問いを中心としたキーワードごとの思考

　本書は読者のみなさんが考えることを重視しています。そこで各章の主タイトルをその内容に関わる中心的な問いとし、副タイトルにキーワードを示すことにしました。本文を読むなかで何が論点であったのかわからなくなった時は、タイトルを読めばすぐにわかるようになっています。

　また、各章の最初のページにはタイトルに書かれた問いを考えるための視点が導入文として示されています。本文を読む前にまずはページの下部にある書き込み欄に、導入文を参考にしながら自分の考えを書いてみてください。そして本文を読み終わったら、ぜひとも最初に書いた自分の考えを読み返してみてください。きっと自分が数時間前に考えていたこととは違う角度から同じ問いに答えることができるようになっているはずです。

　さらに、各章の終わりには理解を深めるための演習問題が設けられています。巻末には解答例も掲載されていますので挑戦してみてください。

2. ワークショップによる視点ごとのふり返り

　本書は章ごとに考えるだけでなく、視点ごとに章のつながりを意識しながら考えることもできるようワークショップを設けています。ワークショップは「1. 調べて、考えてみよう」「2. 議論して、発表してみよう」「3. 理解を広げ、深める作品紹介」の３つから構成されています。

　「1. 調べて、考えてみよう」には読者のみなさんが比較的容易に取り組める課題が書き込み式で示されています。資料はすべてインターネット上で入手可能なものとしています。「2. 議論して、発表してみよう」には解答を１つにまとめることができない課題が示されています。各章を参考にしながら、教育実践を問い直しつつ、自分の理解を深めてください。さらに「3. 理解を広げ、深める作品紹介」では、本書の内容理解を広げるために、比較的入手しやすい映画やアニメ・小説などを紹介しています。

　本書のタイトル『実践につながる道徳教育論』は、本書の内容が道徳教育の

実践のみならず教育実践そのものにつながっていることを示しています。読者のみなさんは本書を読み進めるなかで、教育実践のあり方を問い直すよう幾度も迫られるはずです。しかし、その度重なる問い直しこそがより良い道徳教育を行うためには必要となるのです。道徳教育の実践に向けて教育実践を問い直すための問いが本書には至るところに用意されています。それらの問いを手がかりに、みなさん一人ひとりが教育実践のあり方を問い直し、あらたな道徳教育の扉を開いてみてください。

（國崎大恩・Kim Mawer）

【引 用 文 献】

文部科学省（2017a）「中学校学習指導要領（平成29年告示）解説 特別の教科 道徳編」.
文部科学省（2017b）「中学校学習指導要領（平成29年告示）解説 特別の教科 道徳編」.
松下良平（2023）「道徳と倫理」教育哲学会編『教育哲学事典』丸善出版，44-47頁.
トマセロ，M.（2020）中尾央訳『道徳の自然誌』勁草書房.
山田真由美（2023）「道徳教育」教育哲学会編『教育哲学事典』丸善出版，116-117頁.

なぜ道徳について 「考え、議論する」のか？

「道徳」について

道徳教育は何のために行うのでしょうか？　こう問われたら、多くの人は、よきふるまいを身につけ正しく行動できるようになるため、などと答えるのではないでしょうか。「嘘をつかない」「約束を守る」「人に親切にする」「いじめをしない」ようになることが道徳教育の目的だというわけです。そのため従来の「道徳の時間」では、自分自身の内面を見つめ、道徳に背きかねないみずからの未熟な心と向きあうことが求められてきました。

ところが、「特別の教科　道徳」（道徳科）では「考え、議論する」ことが求められます。いったい何について考え、議論すればよいのでしょうか。道徳を身につけることとどのような関係にあるのでしょうか。そもそも、道徳についてなぜ「考え、議論する」必要があるのでしょうか。

【自分の考え】

【そのように考えた理由】

第 1 節　人類の文化としての道徳

1. 道徳について「考え、議論する」ための根拠を探る

　もし絶対的な道徳があるとしたら、その道徳について考え、議論する必要があるでしょうか。明らかに「ノー」です。道徳的価値を心で受け止めたら、あとは不言実行でよいからです。あれこれ「考え、議論する」人は頭でっかちであり、むしろ人間として弱さがあると見なされるでしょう。では逆に、道徳は相対的なものであり、人それぞれであって、そこに共通なものは何もない、としたらどうでしょう。この場合も、考え、議論することに意義は見出せません。それでも議論をするなら、お互いに相手をなじるだけになりかねません。

　このような道徳的見解に同意する人はいくらか存在することでしょう。けれども、本章の最後であらためて確認しますが、道徳教育ではいずれの見解も支持できません。実際にも今日の哲学、政治学、経済学、歴史学や、近年勢いを増している道徳についての実証科学的研究（心理学、認知科学、生物学、人類学など）は、このいずれの立場にも与しません。

　では、道徳が人間の存在に先立つ絶対的な実在ではなく、人それぞれで異なる幻想や思い込みの類でもない時、いったい道徳とは何でしょうか。一定の生物学的基盤に支えられながら、人間が特定の環境のなかで産み出した文化の一種、これが道徳になります（トマセロ 2020. など）。道徳は、人と人との関係、自己のあり方、人と人を取りまく世界（自然やモノなど）との関係をめぐって、人類が築き上げた規範や規則、あるいは望ましい姿勢・態度や気質・能力の総体だといえるのです。

　先の 2 つの極端な立場もこの見方から説明ができます。一言でいえばそれは、考える際の視点や立場の違いなのです。たとえば人の生命の価値について。家族や友人など自分自身と親しい関係にある特定の人間については、その生命は無条件に肯定すべき唯一無二のものであり、絶対的価値をもっています。しかし、遠い空の彼方のようなところから地球全体を宇宙的な時間感覚で俯瞰している時は違います。考古学者や歴史学者の視点がまさにそうですが、

その時は数千年前の戦争で殺された死者一人ひとりに固有の生命の価値を感じることはあまりありません。弔いの気持ちはあっても、各人の死は人類史上のおびただしい数の戦死者のなかの1事例としてカウントされ、無味乾燥なデータとして扱われることが多いのです。このようなわけで、絶対的な道徳や相対的な道徳を含むあらゆる種類の道徳には、それぞれ理由や背景があるのです。だからこそ、道徳について「考え、議論する」ことは可能なのです。

2. 規則や規範としての道徳はどのような根拠に支えられているのか

　道徳は人類によって創造された文化であり、一定の根拠に支えられていることについて説明するために、ここでは集団の規則や規範としての道徳を取り上げてみましょう。人類はおそらく数万年以上前からなんらかの**共同体の道徳**に従ってきたと考えられます。ですが、どうして共同体の人々は一定の規範や規則を共有しているのでしょうか。

　各人が意思決定をする際、状況をじっくり検分して深い洞察力を発揮できればよいのですが、そのような能力が身についていなかったり、状況の詳細が不明だったり、時間がなかったりする場合には、的外れの判断や間違った判断を下しかねません。一方、望ましい事態（行為の結果）を安定的にもたらしてくれることが経験的に確かめられた規則や規範があればどうでしょう。あれこれ考えずにそれに従うことによって、その厄介な事態を回避できます。道徳の規則や規範とは、共同体のなかで培われて信頼を得ている、行為の結果の望ましさ（よさ・正しさ）をめぐる暗黙の合意だといえるのです。

　もっとも、このことは技術的判断など、道徳的判断以外にもあてはまります。道徳的判断に固有の特徴は、技術的判断のように目的に対する手段の適切性を判断するのではなく、他者や社会や自然などに及ぼす行為の結果の是非について判断するところにあります。その際、その結果をどのように理解するかは多様な可能性に開かれています。共通の生物学的な道徳的基盤（共感や協力）に根ざす文化として、ヒトの道徳には幅広い類似も見られますが、どのような事態を望ましい（よい・正しい）と考えるかは、共同体によってかなり多様で

す。そのため社会や時代が異なれば、道徳は大きく違うこともあります。

　たとえば臓器提供による人命救済や人助け。自己の身体を私的所有物と見なす近代西洋社会とは異なり、日本社会では「身体髪膚、之を父母に受く。敢えて毀傷せざるは、孝の始め也」という儒教の教えが今も残っているからでしょうか、ドナー（臓器提供者）数は日本と欧米で大きな差があります。

　同様の理由で、同じ行為が場面によって禁止されたり許容されたりすることもあります。たとえば嘘がそうです。嘘は自分にとっては都合がよくても、人の信頼を裏切り、他者との関係を壊すという結果をもたらすので、一般には禁止されます。ただし、人を和ませる嘘は「ホラ」や「罪のない嘘」として禁止はされません。小説や映画やドラマなどのフィクションは嘘に満ちていますが、人類の偉大な文化の一角を占めています。

　道徳は、先行世代や古参と共同生活するなかで、知らぬ間に後継世代や新参者に伝達されていきます。子どもは、おとなや年長者が一定の行為の結果をどう受け止めるかを観察し、その反応（価値づけ）を模倣することによって、道徳を身につけていくのです。たとえば、いじめを許しがたいものとして憤りをもって受けとめる人々のあいだで成長する時、いじめに対して（愉快ではなく）恥ずべきものとして**価値づけ**をするようになり、安易にいじめをすることはなくなります。あるいは、ケンカを正義の実践とか男らしさの発現などと考える人々のあいだで育つと、売られたケンカを買わないのが恥になります。

　いずれにせよ、道徳の規則や規範を身につけると、多くの状況で人は**直観**によって瞬時に判断を下し、行為できるようになります。道徳的直観に従うだけでよい（問題が片づく）状況では、ことさらに考え、議論しなくてもよいどころか、あえてしない方がよいともいえるのです。

　ただし、ここからはしばしば間違った考え方が生まれます。道徳的生活では「当たり前」のことができればそれで十分であり、よって道徳教育は思考や知性の問題ではなく、心や感情の問題だとする考え方です。心で直観的に理解でき、実行や逸脱に対しては感情が反応する「当たり前」の道徳という考えは、人間の存在に先立つ絶対的道徳があるという見方ともしばしば結びつきます。

では、このような考えはどこが間違っているのでしょうか。

 ## 第2節　道徳が要請する省察や批判

1. 直観から省察・批判へ

「当たり前」の道徳をめぐって、なぜそれに従わなければならないのか、それは本当によい・正しいことなのか、もっと別の選択があるのではないか、といった問いが生まれる時、**省察**や**批判**は始まります。典型的には道徳同士が葛藤し対立する場合です。義務と義務（たとえば家族との約束 vs. 教師としての責務）、善と善（療養に必要な安静 vs. みんなと遊ぶ喜び）、さらには善と義務（友人との久しぶりの再会 vs. 日常的な親の介護）が衝突する時です。

この時、人は当たり前の道徳に従う理由をあらためて問い、よりたしかな根拠（目的や原理）を求めようとします。さらにその根拠に訴えて、自分の選択を正当化しようとします。そのためそこでは、ほかならぬ自分自身の判断について、自分の頭で考えることが要求されます。とはいえ自分の判断には不備や誤りがあるかもしれません。そのため他者と議論することを通じて自分の判断を省察し批判して、より説得力のある判断へ修正していく必要もあります。

このようなわけで、少なからぬ道徳の研究者は、道徳を2つの種類やレベルに分けてきました。「慣習的道徳」と「省察的［反省的］道徳」という区別（デューイ 2002）、道徳的思考の「直観的レベル」と「批判的レベル」の区別（ヘア 1994）、「直観」と「思考」の区別（ハイト 2014）、などです。これらのバリエーションとも見なせますが、コールバーグは、道徳性を「前慣習的レベル」「慣習的レベル」「脱慣習レベル」の3レベルに分け、前者から後者へのレベルの向上に「道徳性の発達」を見ました（永野 1985）。これらの区別が意味していることは必ずしも同じではありませんが、道徳の本性や論理そのものが省察や批判を要請すると考える点では共通しています。

したがって、道徳への省察や批判は、道徳同士が葛藤する場合だけでなく、1つの道徳をめぐっても可能です。社会の慣習＝常識になり、日々の生活を通

じて身につけた道徳の規則や規範は、状況が刻々と変化するなかや、人の見方や考え方が変化するなかで、常に迷いや戸惑いや疑問に開かれ、しばしば葛藤や対立を呼び起こすからです。それらの問題を解決することによって道徳は安定度を増していく時もあれば、逆に問題への対応を通じて変容し、否定されていくこともあります。あらゆる文化がそうであるように、道徳もまた生成、発展、衰退、消滅といったものを免れないのです。道徳のこのような本性に適切に対応するために必要になるのが、知的省察や批判的思考なのです。

2. 道徳の本性がもたらす葛藤や対立

　道徳についての省察・批判はなぜ必要であり、そこにどのような意義があるのかに関しては、第1節・2で述べたことに関連づけるだけでも、多くのことを指摘できます。

　第1に、行為の結果に価値づけをする時、その結果が及ぶ関係者をどのような範囲で想定するのか、誰を関係者として考慮するのか、という問題への対応が葛藤や矛盾を生み出します。一定の共同体にとって利益や幸福をもたらす行為が、社会全体では害悪や不幸をもたらすケースは少なくありません。たとえば、家族や友人の生命や利益を優先すると、それ以外の人々は被害を受けかねません。多数者の側が自分たちの便益を優先すると、障害者や外国人は生きづらくなるというジレンマもあります。化石燃料の利用は過去や現在の世代に大きな便益を与えましたが、将来世代には取り返しがつかないほどの巨大な害悪をもたらす可能性があります。これらのジレンマを打開するためには、正義やケアについての省察や批判が欠かせません。

　第2に、行為の結果を見る時、時間軸のどの時点に焦点を当てるかという問題への対応もまた葛藤や矛盾をもたらします。ゴミの分別収集はその時は面倒なのですが、長期的には相応のメリットをもたらします。化石燃料の問題とも重なりますが、快適さや便利さをもたらす技術が、長期的には深刻な害悪を引き起こすことは少なくありません。よかれと思ってやったこと——「勉強しなさい！」という助言、テロ鎮圧のための武器供与という援助、情報統制による

集団結束の促進など——が即座に事態を改善させる一方で、「意図せざる結果」としてやがてあしき事態をもたらす時も、道徳の矛盾は露呈します。このような矛盾を解決するためにも、道徳への批判は必要になります。

　第3に、行為の結果は普通1つではなく、雑多で異質な事象の複合体であるために、そのうちのいずれの結果を重視するかによっても葛藤や矛盾は生じます。たとえば飲酒は心の緊張を解きほぐし、愉快な気分をもたらしてくれますが、他方で、はた迷惑なふるまいやアルコール中毒・依存症を引き起こしかねません。ギャンブル、テレビゲームやオンラインゲーム、スマホなども類似の葛藤を抱えています。この第3の問題はしばしば第2の問題と結びつきます。仲間をおもしろがらせようと思って軽いノリでSNSにアップした動画や写真が拡散され、時間の経過とともに非難を呼び起こして、社会的事件に発展することは昨今めずらしくありません。その時求められる自制とは、単に我慢することではなく、道徳的な省察や批判を通じて、葛藤を打開してくれるより適切な選択肢を追究することなのです。

　第4に、規則や規範に従わなくてもよい（たとえばひとりでくつろいでいる時の行儀作法）、あるいは従わない方がよい（緊急事態時の行儀作法）、と考えられる特殊な状況下では、規則に従うべきか否か、迷いや葛藤が生じます。道徳の規則は一般的には一定のよき事態をもたらしますが、それに従わない方がよき事態が生まれると考えられる例外的な状況では、道徳同士の衝突、つまり**モラル・ジレンマ**が生じます。そのような場合、省察力や批判力を駆使してあらたな選択肢を創造すれば問題が解決するケースは少なくありません。ジレンマ教材はすでに日本の「道徳」授業でも用いられています（荒木1988、など）。

3. 変化する社会や時代のなかで揺れ動く道徳

　道徳への省察や批判が必要になる理由を、第1章・2に関連づけて、さらに2点つけ加えてみます。そこでも葛藤や対立が生じているのですが、変化の激しい社会や時代の変革期にはとくにそれは引き起こされやすくなります。

　1つは行為の結果に対する価値づけが変化することです。行為の結果に対し

てこれまでとは異なる価値づけをする人が増えてくる時、既存の道徳への懐疑が生まれ、本当にそれに従う必要があるのかという問いが生まれます。

　近年、新しい**テクノロジー**の登場や**グローバル化**などの社会の変化に伴い、物事への価値づけが急速に変容しつつあります。このことは道徳にも少なからぬ影響を与えています。たとえば個人情報ですが、ネット社会以前は気軽に人に教えても、とがめられることはあまりありませんでした。しかし今日では、個人情報の保護は重要な「**情報倫理**」の一部になっています。その背景には、個人情報の漏洩が社会に与える負の影響がとてつもなく大きくなり、それに伴ってその漏洩に社会から厳しい目が向けられるようになったことがあります。**ハラスメント**も類似の背景をもっているといえます。〈教える―学ぶ〉関係や〈雇用―被雇用〉関係などの人間関係の変容のために、かつてなら大目に見られていた行為が許されない行為になったということです。一方、「いじめる」と「いじる」のように、類似の行為に異なる価値づけをすることによって、いじるつもりで**いじめ**をしてしまう時もあります。いずれも、省察や批判なしには「何が道徳的か」が理解しがたくなっているのです。

　その際、留意すべきことがあります。価値づけされる「行為の結果」とは、行為がもたらす物理的・身体的な影響だけを指すわけではありません。それを引き起こした行為の動機も考慮され、(誤って) 5 人を傷つけるよりも (悪意から) 1 人を傷つける方がわるい、とされる場合もあります。さらには、心理的な影響だけを考慮する場合もあります。たとえば結婚する女性の友人である男性が結婚式に黒いネクタイをしていったらどうなるでしょう。黒い色は何の実害ももたらしませんが、参列者におそらく強い不快感や不安を与えるでしょう。

　この事例はさておき、行為がもたらす心理的な影響のみに目を向けて価値づけがなされる時、道徳の規則は危ういものになる可能性があります。見知らぬ人による声かけから犯罪が始まる場合がありますが、だからといって、不安を与えないように「知らない人に声をかけるな」という道徳に人々が従うようになったら、人と人との関係が弱まり、道徳という文化の土台が壊れかねません。ここでも省察や批判が必要になるのです。

もう1つは行為の類型が変化することです。農民と商人、職人と勤め人ではどのような行為が道徳に関係するか、少なからず異なっています。また、人間に序列がある封建社会と、人々が互いに平等である民主主義社会とでは、行為への価値づけだけでなく、道徳に関係する行為も大きく異なります。今日の社会では、パソコンやスマホの上で指を少し動かすことが、道徳的に重大な影響を引き起こしかねない行為となっています。これからの社会では、人と人工知能やロボットとの関係から生まれる行為が重要な道徳的意味をもつこともまた避けられそうにありません。「どのような行為が道徳に関係するのか」もまた、省察や批判なしには理解しがたくなるのです。

　現代社会では、人だけでなく、テクノロジー、観念、事物、事件もアクター（働きかける主体）として機能しています。多元的なアクターが重層的なネットワークを形成している社会では、アクター間のアレンジメントが絶えず変化し、しばしば新しいネットワークを創発していくことによって、社会は予測を超えて複雑に変化し、その分だけ未来は見通せなくなっています。それに伴い、これまでの常識が通用しなくなる事態が増えています。このような状況下では、行為の類型、結果、価値づけのいずれも絶え間ない変化が避けられず、道徳の規則や規範もあらたなものが次々と生まれ、常に変容を遂げていきます。そのたびに「なぜこの道徳は必要なのか」「本当にこのような道徳でよいのか」を問い、さまざまな角度から省察・批判することが必要になるのです。

 ## 第3節　公教育でなぜ道徳教育を行うのか

1. 2つの異質な道徳

　道徳への省察や批判がなぜ必要不可欠かについては、もう1つ重要な理由があります。道徳の多元性に関してはJ. ハイトによる6つの「道徳基盤」の区別（ハイト 2014）が有名ですが、ここではそれとは異なる視点から道徳の複数性に目を向けてみます。道徳には系統の異なる2つの体系があり、それらがしばしば葛藤し対立するために、道徳への批判的検討が必要になるのです。

２つの異質な道徳のうちの１つは、人類がおそらく数万年以上の長きにわたって継承してきた道徳です。**共感、配慮、ケア、思いやり**といった二者関係に定位した道徳を基礎にして、相互の助けあいや支えあいを促し、**集団の絆・結束・連帯や集団への献身**を説く道徳です。ここではそれを**伝統的な道徳**と総称することにします。これまで述べてきた共同体の道徳もこれに含まれます。日本人が「道徳」と聞いて思い浮かべるものも、通常はこれらの道徳です。

　もう１つの道徳は、西欧近代に由来する道徳であり、400年ほどの歴史しかありませんが、今日の**立憲制**の**国民国家**の土台を支えており、国際連合などの国際機関を通じていわば世界標準になっている道徳です。

　カトリック教会の支配や絶対王政の権力からの解放をめざす思想として生まれた近代のリベラリズムは、**個人の自由・権利**の保障を追求し、民主主義思想と結びついてその**平等**の実現をめざしてきました。公的領域での政府の公権力の行使は憲法によって制約を受け、「**法の支配**」に従うという考え方を制度化することによって、個人の自由・権利を等しく保障しようとしてきたのです。

　こうして立憲制の国民国家では思想や信条の自由が保障されるので、個人の生き方、すなわち「どのような善を追求すべきか」に公権力は介入できません。さらに「何が正しいか」は法が決めますので、道徳の出番はないようにも見えます。実際にも戦後の日本では、このような考え方に立って、公教育では道徳教育は必要ないという考え方が少なからぬ影響力をもってきました。

　けれども、法の背後には道徳が存在しています。個人の自由・権利の平等を是認する道徳です。実際にもこのような道徳があるからこそ、自由・権利の中身は環境権・プライバシー権・知る権利などへ拡充され、平等に扱われる人の範囲も女性・障害者・子ども・LBGTQ+ などへ拡張されてきました。あしき法がよりよき法へと改正され、あらたによき法が制定されてきた時、それを支えたのは道徳なのです。このような道徳を**リベラリズムの道徳**と呼べば、その道徳にはもう１つ別の姿があります。自由な個人を利己的な個人と見なした上で、個人同士の対立や争いを防ぎ、社会秩序を確保するために理性で利心を抑えるのが道徳であるとする考え方です。

戦後の日本は立憲制に立つ**国民主権**の国家です。**公教育**における道徳教育では、市民権を行使できる「**市民**」になるために、まず何よりも個人の自由・権利の平等を学ぶ必要があります。そもそも公教育は、まさにそのような関心に基づいて構想されました（シュナペール 2015, 46 頁以降、162 頁以降）。

　けれども日本の学校では、家庭や地域社会で学ぶべき伝統的な道徳と、利己心（自分勝手やわがまま）を抑える道徳ばかりが教えられてきました。この問題もじっくり検討すべき重要な問題なのですが、以下では「考え、議論する道徳」に関連づけて、2 つの道徳をめぐる大切な問題を指摘しておきます。

2. 2 つの道徳の葛藤・対立

　リベラリズムの道徳は**公的領域**、伝統的な道徳は**私的領域**においてそれぞれの威力や利点を発揮しますが、その領域を間違って用いると、道徳はしばしば暴力に転じます。象徴的な例をあげましょう。国家や会社において奉仕や献身の名で自己犠牲が求められたらどうなるでしょうか。戦前の日本では「国家のためにみずからの命を捧げよ」という道徳が説かれ、無謀な戦争で膨大な数の若者の命が奪われました。会社でのサービス残業はブラック化につながり、精神疾患や過労死をもたらします。他方、家庭のなかが自由・権利の平等の道徳ばかりになったらどうなるでしょう。親子が対等ならまず子育てができません。いちいち理由はあげませんが、やがて家庭そのものが崩壊するでしょう。

　ところが厄介なことに、道徳の棲み分けが通用しない場合もあります。災害時などには命や安全を守るために、しばしば**ボランティア**が必要になります。会社のなかで想定外の事件・事案が生じた時、自分の任務ではないとして誰も対応しないような会社は早晩潰れるでしょう。その意味で公的領域でも自己犠牲が必要になる場合はあるのです。当人が自己犠牲ではないと言い張る場合でも、自由・権利の平等の道徳ではなく献身や奉仕の道徳に従っているのはたしかなのです。一方、家庭で自由・権利の平等が一切無視されたらどうなるでしょう。昔ならともかく、今ならそもそも家庭が築けないでしょう。

　それにしても、いったいなぜこのような矛盾や葛藤が生じるのでしょうか。

伝統的な道徳とリベラリズムの道徳はそもそも原理的に異質です。前者は、それぞれ出自も性別も年齢も能力も関心も違う具体的存在としての人間を前提に、不均衡な人間関係のなかで相互に依存し、助けあうことをめざします。一方、後者は、人間を出自や性別や障害の有無などの属性を捨象した抽象的な個人と見なす人間観に立って、自由・権利の平等を実現しようとします。抽象的な個人という**擬制**を導入しなければ、血縁や地縁の集団を超えていくことはできません。互いに顔も知らず会ったこともない１億もの人々を同じ国民としてまとめるためにも、外国人や異人種を自分たちと対等の人間と見なすためにも、リベラリズムの道徳が不可欠なのです。

　伝統的な道徳は、生物学的自然に根ざし、悠久の人類史に支えられている点で、自然な道徳文化だということができます。それに対してリベラリズムの道徳は、誰にも妥当する普遍的な理念を掲げ、人類史上類例のない画期的な成果をもたらしてきた点で、革新的な道徳文化だといえます。その意味でこの２つの道徳はいずれも高度の普遍性をもっているといえるのです。

　ところが、この２つの道徳にはいずれも重大な弱点や限界があります。まず伝統的な道徳は「われわれ」とそれ以外の人々を明確に分けます。そのため、「われわれ」同士は互いに配慮し助けあっても、「奴ら」は平気で軽視・無視できます。時には排除・抹殺することさえ厭いません。コインの表には愛が刻まれながら、その裏側には暴力が張りついているのです。そこでは善良な人がヘイトに走り、平和を愛する人が戦争に賛同しても不思議ではありません。

　他方、リベラリズムの道徳の弱点はある種の擬制を前提としているところにあるといえます。生活現実に照らせばリアリティを欠いているのです。そのため、社会の諸制度のなかにその道徳を埋め込み、公教育でしっかり教えなければ、たちまちのうちに力を失ってしまいかねません。さらに、個人の自由の尊重が**他者への寛容**を超えて**他者への無関心**に転じてしまうと、連帯や結束の力が失われ、国家・社会が解体してしまう危険性もあります。

　こうして、２つの道徳のそれぞれの利点を活かし、弱点や限界を抑え込むためには、２つの道徳をうまく組みあわせる必要があります。リベラル派と伝統

保守派への国民の分断を避けるためにも、2つの道徳の調停は必要なのです。その場合公的領域と私的領域で道徳を使い分けるのが原則ですが、先に指摘したように例外もあります。例外が通例になると公と私の境界線が引き直されます。このような問題を考える際に必要なのが、道徳への省察や批判なのです。

　そこに正解はありません。公的領域では男女・年齢分け隔てなく人に「さん」づけし、私的領域ではあだ名で呼んだり呼び捨てにしたりする時、いつ・どこで両者を使い分けるのでしょうか。おとなと子ども、教師と子どもといった、知識や能力の格差を前提とする不均衡な関係において、どこまで・どのように子どもの自由・権利を尊重するのでしょうか。自助、共助、公助をどのように使い分けるのでしょうか。これらの問いにあらかじめ答えはないのと同じです。いったん答えを出した後も、具体的な実践を重ねるなかで、よりよき答えを求めて絶えず問い続けなければならないのです。

　そこで問われているのは「私たちはどのような社会を望むのか」です。そのため、人工知能に問題の整理を委ねることはできても、判断を委ねることはできません。他者の意見に耳を傾けながら自分で考えるしかありません。必要ならばお互いに合意できる着地点をなんとか見つけ、合意が必要でなければ、お互いに自分の考えを貫きながら、同時に相手の考えも尊重するだけです。

　このようなわけで、「考え、議論する道徳」としての道徳教育は、市民教育や政治教育の基礎としての性格をもっています。公教育が「思考力、判断力、表現力」を育成し、国民の道徳的な省察や批判の力を高めることができなければ、民主主義国家（国民主権の国民国家）は成り立たなくなる可能性があります。社会の変化が見通せないだけでなく、ネオリベラリズムの政策によって公的領域に私の論理（市場原理）が持ち込まれ、公私混同が起きやすい社会では、とくにそのことがあてはまるのです。

 ## 第4節　実践に向けて──「考え、議論する」教師へ

ここまで、道徳についてなぜ省察・批判が必要なのかについて検討してきま

した。その結果、道徳について「考え、議論する」理由は多様に存在することが明らかになりました。「考え、議論する道徳」は道徳の教科化に伴って導入されましたが、本当のことをいえばそれ以前から必要だったのです。

　本章の冒頭部で「考え、議論する道徳」を否定する絶対的な道徳と相対的な道徳の考え方についてふれましたが、ここであらためてその限界も確認できます。道徳を人間の存在に先立つものと見なし、その価値を絶対視する道徳の考え方は一種の信仰です。信条の自由に従って私的に信じる分には構わないとしても、説明や論証を欠いたまま他者に押しつけると、思想・信条の自由を侵害しかねません。そのため、その考え方を公教育が前提にすることはできません。

　一方、相対的な道徳の考え方は、道徳が幻想や思い込みではなく共有可能なものとして現に存在すること（直観レベルの道徳）と、道徳についての省察・批判に正解はないこと（批判レベルの道徳）を混同しているといえるのです。

　ところが日本の学校では今なお、子どもたちを正解に導くことが「道徳」授業の目的だと信じている教師は少なくありません。道徳的直観のレベルで思考停止に陥っているのでしょうか。それとも、小さな子どもたちも道徳をめぐる葛藤やジレンマに絶えず直面していることに気づいていないのでしょうか。あるいは、学校は正解を教えるところ、と決めつけているのでしょうか。

　そのような教師は「考え、議論する道徳」においては、一定の道徳的価値を自明の前提とした上で、それに照らして教材の登場人物の行動や生き方についてふり返り、議論するよう子どもたちに求めます。けれども、子どもたちのなかに、その道徳的価値に疑問を抱く者がいたらどうなるでしょうか。あれこれ考えさせ、他人と議論させた上で、納得できないままに自分の考えが否定されるわけですから、自分の心を見つめさせるだけの従来の「心の教育」の場合と比べて、道徳や教師への不信はいっそう深刻になる可能性があります。あるいは、自分の思いを抑え込み、教師の考えや周囲の空気にあわせて議論する時には、誠実さが損なわれ、勇気が挫かれ、ごまかしや詭弁ばかりがうまくなりかねません。道徳教育とは似て非なるものになるだけでなく、道徳的であろうと

する精神が毀損される点で、道徳教育への冒瀆といってもよいでしょう。

　道徳的なものと非道徳的なものは常に隣りあわせです（松下 2011）。道徳についての省察・批判を怠り、日本の学校における「道徳」授業の慣習を漫然と受け入れていると、子どもと国家・社会の双方を台無しにする教師になりかねません。それを避けるためには、まずは教師自身が「考え、議論する道徳」を日々実践していく必要があるのです。

（松下　良平）

演 習 問 題

(1) 道徳科の教科書から適当な教材を選び、本章で紹介した「考え、議論する」ポイントを用いて、道徳の省察・批判をみずから実践してみてください。
(2) 伝統的な道徳とリベラリズムの道徳の使い方が間違っているとあなたが考える事例を、学校教育や政治などの現実のなかに探してみましょう。

【引 用 文 献】

荒木紀幸編（1988）『道徳教育はこうすればおもしろい――コールバーグ理論とその実践』北大路書房.

デューイ, J.（2002）河村望訳『倫理学（デューイ＝ミード著作集 10）』人間の科学新社.

ハイト, J.（2014）高橋洋訳『社会はなぜ左と右にわかれるのか――対立を超えるための道徳心理学』紀伊國屋書店.

ヘア, R. M.（1994）内井惣七・山内友三郎監訳『道徳的に考えること――レベル・方法・要点』勁草書房.

松下良平（2011）『道徳教育はホントに道徳的か？――「生きづらさ」の背景を探る』日本図書センター.

永野重史編（1985）『道徳性の発達と教育――コールバーグ理論の展開』新曜社.

シュナペール, D.（2015）中嶋洋平訳『市民の共同体――国民という近代的概念について』法政大学出版局.

トマセロ, M.（2020）中尾央訳『道徳の自然誌』勁草書房.

2 道徳的であるとは どういうことか？

「道徳の原理」について

　現代社会において、何が道徳的かは必ずしも明確ではありません。たしかに、法令遵守を要請するコンプライアンス、また政治的に適切な表現や態度を求めるポリティカルコレクトネスなど、正義の要求は高まっています。また、かつては許容されていた権威や権力の乱用も、いまやその道義的責任が追及され、さらに他者に迷惑をかける個人の行為も糾弾されています。とはいえ、複雑化が進み、道徳の内実があいまいになった現代にあって、何が道徳的かをめぐってネットなどで論争が展開されてもいます。そこでは道徳を根拠づける原理も、あるべき人間像も一様ではありません。こうした状況において、道徳をいかに考えることができるでしょうか。まずは道徳的であるとはどういうことか、自分の考えを書いてみましょう。

【自分の考え】

【そのように考えた理由】

第1節　道徳の原理を求めて

　当然ながら私たちの生活世界は、道徳のみでできているわけではありません。私たちはある場面では、好きか嫌いか、また心地よいかどうかなど、快や不快を基準に物事を判断します。また別の場面では、利益を求める損得の判断を行います。それらはともに自己を基準としており、**利己的判断**と呼べるでしょう。これに対して道徳的な判断とは、よく生きるための道徳的価値を基準とするものです。それは、正直や誠実、また公正や平等、あるいは人間尊重といった独自の価値に基づいた判断になります。古来より道徳はしばしば、利己心を抑制するものとしてとらえられてきました。利己心をどこまで許容するか、道徳と利己心の関係をいかに考えるかは、絶えず問題とされてきました。

　現代社会では、道徳の内実があいまい化するとともに、道徳と利己心の関係はいっそう問題含みとなっています。一方で、正義の要求が高まり、あらゆるものが道徳的に判断されます。他方で、利己的判断も重要性を増しており、道徳の無際限な範囲の拡大に対する反発が生じています。その結果、道徳と利己心が激しく対立することになるのです。そこに現代の道徳をめぐる困難があります。それでは、この困難をいかに乗り越えることができるのでしょうか。

　本章でその解決策を示すことができるわけではありません。ですが、道徳の諸理論を検討し、道徳を根拠づける原理のあり方、そして道徳と結びついたあるべき人間像を再考したいと思います。そのために、まず近代の代表的な道徳理論を概観し、その問題点を考察します。その上で、道徳をとらえ直す近年の議論を見ていきます。これによって、利己心と道徳の対立を解きほぐし、現代社会にふさわしい道徳原理を考える手がかりを掴むことができるはずです。

第2節　近代の道徳理論

　長いあいだ、道徳は宗教と結びついてきました。とりわけ西洋社会では、キリスト教があるべきふるまいを定め、良心のあり方を方向づけてきました。神

への信仰のもとで教会が定める規範に従って生きることこそ、よく生きること
だったのです。これに対して近代社会は、宗教的な道徳から距離を取り、道徳
をそれ自体で考えることから始まったといえます。実際、17世紀以降、**社会
契約論**や**功利主義**など、道徳の新しい理論が打ち立てられます。それらはいず
れも、神に頼ることなく社会の原理を構想し、あらたな人間像を提示するもの
でした。以下では、そうした試みを見ていきます。

　17世紀に**ホッブズ**（Hobbes, T.）や**ロック**（Locke, J.）といった哲学者は、社会
秩序が**契約**によって成立すると考えました。かれらは、人々がみずからの生命
や財産を守るため、互いの領分を侵さず、規範に従うと約束することで、社会
が成立すると考えたのです。かれらにとって社会とは、神が創造したものでは
なく、人々が同意によって作り出したものでした。逆にいえば社会は、人々が
同意しなければ崩壊するものとなったのです。そこでは、社会を維持するため
の道徳が必要となります。平等、他者の尊重、公正、相互性などの道徳的価値
は、人々が同意し、社会を営む上で不可欠だからこそ重要なのです。これらの
価値によって人々が利己心を制限することで、社会は健全に機能します。こう
して社会契約論は、神を基盤とした道徳ではなく、約束を基盤とした、社会維
持のための道徳を打ち立てたのです（重田 2013, 26-91頁）。

　とはいえ社会契約論は、産業が発展し市場が拡大する時代に十分対応した議
論ではありませんでした。18世紀後半には、資本主義経済の全面化ととも
に、市場における自由な利益の追求が重視されるようになります。そこで重要
となったのは、利己心を前提とし、個人の自由を保障する道徳原理を確立する
ことでした。それが**ベンサム**（Bentham, J.）や**ミル**（Mill, J.）が提唱した功利主
義になります。ここではベンサムの議論を見ていきましょう。彼にとって、快
の追求は幸福の追求であり、否定されるべきものではありません。人間とは本
性的に、快と苦痛を計算しながら行動する利己的存在なのです。そこには、み
ずからの欲望のもとで計算し交換する**経済的人間**（ホモエコノミクス）という人
間像があります。しかし、人々がみずからの快＝幸福のみを追求するなら、社
会秩序は維持されません。そこでベンサムが導入するのが、「**最大多数の最大**

幸福」という原理です。人々の快＝幸福の総和の最大化が社会にとってよいことであり、行為の善悪は、快と苦痛の総和によって判断できるというのです（ベンサム 2022, 27-37 頁）。そこでは、たとえ少数の人に苦痛をもたらしたとしても、多数の人に多くの快＝幸福をもたらす行為は善となります。

　ベンサムは、これを個人の道徳原理としてよりも、立法と統治の原理として考えていました。すなわち、適切な立法と環境の整備によって、人々の行動と欲望を方向づけ、「最大多数の最大幸福」を実現できると考えたのです。たとえば、多くの苦痛をもたらす行為に厳しい罰を与えたり、有害な娯楽より無害な娯楽を推奨したりすることで、人々は自然と「最大多数の最大幸福」をめざすようになります（小松 2006）。それは、個人の利己心と自由を、禁止とは異なる仕方で管理する方法です。こうしてベンサムは、道徳を計算可能なものとして規定するとともに、個人の自由を保障しつつ、人々が自然と道徳的にふるまう社会を作ろうとします。それは、資本主義の時代にふさわしい、自由に利益を追求する経済的人間の道徳理論であったといえるでしょう。

　とはいえ、ベンサムの功利主義に疑問を抱く人もいるかもしれません。道徳は本当に計算に還元できるのか、多数の人に快＝幸福をもたらすからといって少数の人に苦痛を与えることは許されるのか、などの疑問が湧いてきます。哲学者の**カント**（Kant, I.）は、こうした疑問に応えるかのように、功利主義に対立する議論を展開しました。カントは、道徳を計算可能なものとして考えることを拒否し、快を追求する自由を超えた、絶対的自由の内に道徳を見出します。彼にとって、利己心に基づいて行われた行為はすべて、道徳的なものではありません。たとえば正直に話すことも、利益をもたらすという期待やなんらかの強制のもとでなされるなら、快と苦痛に縛られた不自由で主観的な行為となります。それではカントの考える道徳とはどのようなものでしょうか。

　功利主義が、行為のもたらす結果としての最大幸福を基準に道徳を考えるのに対して、カントは道徳を、結果の如何にかかわらず、個々人がみずからの内に抱く「**道徳法則**」に従うことだと考えました。道徳法則とは、各自が普遍的だと考える道徳的な行為の規則であり、「〜なら〜すべし」（たとえば「人に嫌わ

れたくないなら嘘をつくな」）という条件つきの命令ではなく、無条件に「〜すべ
し」と命ずる**「定言命法」**の形をとります。そのような命令に、「尊敬の念」
に導かれ、純粋な義務として従うことが道徳的だというのがカントの主張にな
ります（カント 1960, 69-86 頁）。すなわち、人に嫌われたくないから嘘をつかな
いのではなく、嘘をつく方が誰にとってもよい場面でも、「嘘をつくな」とい
う内なる良心に従うのです。そこには、「嘘をつかない」ことが普遍的に正し
いという信条以外の理由はありません。ほかの理由があれば、それは理由＝原
因に縛られた不自由な行為となります。カントによれば道徳的行為は、快や利
益に縛られず、理由をもたないがゆえに、真に自由なのです。

　たしかに私たちは、利己心やしがらみに縛られ、そのなかで良心に背くこと
もあります。しかしカントにとっては、利己心やしがらみを断ち切り、誰から
も理解されないまま、みずからの信条に従う時、はじめて道徳的かつ自由な行
為が可能となります。そしてカントは、誰もが利己心を捨て、他者を目的とし
てのみ扱う世界を夢想し、それを**「目的の国」**と呼びます（上掲書, 112-119
頁）。このようなカントの議論は、非現実的な理想論のようにも思えます。誰
も幸福にならず、誰にも理解されず、それが正しいというだけで正しい行為を
することなどできるのでしょうか。それでもカントは、人間にはそうした行為
が可能であり、それこそが人間を人間たらしめる自由の証だと考えます。カン
トの議論は、誰もが手段として扱われる市場が発展する時代にあって、市場と
は異なる世界が可能だと信じる、祈りのようなものであったといえるでしょ
う。

　これまで見てきた社会契約論、功利主義、そしてカントの義務論は、近代に
おける道徳の代表的な理論になります。それらはいずれも宗教に代わり、特定
の人間像に基づいてよりよい社会を定義づけ、社会との関係で道徳のあり方を
規定するものです。社会契約論は、約束する人間たちが社会を維持するために
不可欠なものとして道徳を位置づけます。功利主義は、経済的人間を前提と
し、個人の自由な快の追求を肯定するとともに、よりよい社会のための客観的
基準を示します。カントは、利己心と道徳を対立させ、利己心を脱ぎ捨て、普

遍的な善のために行為することを道徳的であると考えます。

　とはいえ、現代社会における道徳の困難は、道徳があいまい化するなかで、これら3つの道徳理論に対応する考え方が、調停不可能なまま、競合しもつれあっていることから生じているように思われます。一方で社会の複雑化に伴う秩序の混乱を回避するため、多数の規則や約束ごとが作られ、私たちはそれにがんじがらめになっています。他方で、資本主義の高度化に伴い、私たちは経済的人間として、絶えず計算しながら生活しなければなりません。そこでは、個人の利己心が肯定され、少数の不快よりも多数の幸福が優先されます。こうした状況は、普遍的な正しさを追求し、誰も排除されない社会をめざすカント的な立場からすれば、ひどく不正に見えるのです。

　それではいかにこの困難を解きほぐすことができるのでしょうか。そもそも近代の道徳理論それ自体に欠陥があり、それを維持するのが困難になっているのではないでしょうか。これらの理論はいずれも、人間の本性を利己的で闘争的なものと見なし、社会維持のために、利己心を抑制し調整する道徳が不可欠だと考えます。そこでは、利己心を理性的に統御することが自律とされ、利己心の許容可能な範囲が定められるのです。とはいえ、人間を利己的と見なし、道徳を利己心の統制として把握する考え方を問い直す必要はないでしょうか。その問い直しのため、次節では道徳の起源について考えてみましょう。

第3節　道徳の起源

　そもそも人間の道徳はどのように生じたのでしょうか。19世紀末から20世紀前半にかけて、**ニーチェ**（Nietzsche, F.）や**フロイト**（Freud, S.）が、道徳の起源を探求し、そこに非道徳的なものを見出しました。ニーチェは『道徳の系譜』において、善や悪といった概念の根底に支配と闘争があることを暴露します。彼は道徳を、弱者が、潑溂（はつらつ）と生きる強者に対して妬みや怒りといったルサンチマンを抱き、強者を縛りつけるために作り出した発明品にすぎないと喝破します（ニーチェ 1993, 359-584 頁）。フロイトも、道徳の起源に妬みや攻撃性を見

出します。フロイトによれば、太古の人間は小さな群族をなし、父的存在によ
る支配を甘受していました。しかし、人々は妬みから父的存在を残酷に殺し、
みずからの情動の高まりを取り繕うために罪悪感を抱いたというのです。フロ
イトは、それが良心の起源であり、良心は攻撃性と結びつくと主張します（フ
ロイト 2009, 180-188 頁）。

　ニーチェもフロイトも、ホッブズと同様に支配や闘争を、人間の本性と見な
します。しかしかれらは、原初の暴力性が約束や契約によって克服されること
はなく、道徳の内に残存すると考えました。かれらの議論は、道徳自体が孕む
歪みを指摘するものです。それは、第 1 次世界大戦の惨劇やナチスの台頭とい
った事態を予兆する洞察であったといえるでしょう。しかし、近年の進化心理
学は、人間の本性が必ずしも支配や闘争にあるわけではないことを示していま
す。たとえば**トマセロ**（Tomasello, M.）は、人間の乳幼児と大型類人猿の比較実
験に基づいて人間の起源を探り、相互に協力する協働活動の内に人間の固有性
と道徳性の萌芽を見出します。彼の議論を見ていきましょう。

　トマセロによれば、チンパンジーなどの大型類人猿は、**同情的配慮**を基盤
に、血縁個体や仲間を世話し、食料を分配し、相互に依存しながら生きていま
す。しかし、大型類人猿の同情的配慮は競争の内に埋め込まれ、限定されたも
のにすぎません。これに対して人間は、はるかに協力的であり、意図と目的を
共有し、互いの役割を意識する、独自の協働活動を営みます。そこからトマセ
ロは、初期ヒトが数十万年前のどこかの時点で、協働による大型動物の狩猟採
集の傾向を強め、固有の協働活動の能力を獲得したと推測します。そして道徳
は、こうした協働のなかで発展したというのです。

　私たちは協力して物事に取り組む時、共通の知識や理解からなる「共通基
盤」を有し、また全体を見渡す視点からみずからの役割を見定めます。さら
に、役割交換を前提として、自他を同じような平等な存在と見なします（トマ
セロ 2020, 87-90 頁）。トマセロは、初期ヒトがこれらの機制のもとで、**「わたし
ち」**という**「共同主体」**を形成したと考えます。「わたし」でも「あなた」で
もない「わたしたち」が、行為の基準を示し、「〜すべき」という義務感やメ

ンバーとしての平等の感覚を課すようになるのです。

　このような「わたしたち」の規範性は、「パートナー選別」を介して道徳的な社会原理へと発展していきます。協働狩猟採集の必要が高まるにつれ、パートナーをうまく選ぶ必要も高まり、「わたしたち」が示す規範をもとに他者が評価されるようになります。そこでは参加できない者やただ乗り者は排除され、分配が参加の報酬となっていきます（上掲書、91-98 頁）。こうして、正しい分配といった感覚が生まれ、能力に応じて分配する業績原理が形成されます。誰もが平等な一員として「わたしたち」の規範に従い、役割と成果に応じて分配がなされ、義務、平等、公正といった道徳的価値が構成されるのです。

　トマセロは科学的手法を通じて、道徳的価値が、意図と目的を共有する協働活動のなかで形成されたことを明らかにします。その試みは、約束を基盤とする社会契約論とは異なり、協力を自然淘汰のプロセスから生じる人間の本性としてとらえ、道徳を自然化するものです。とはいえトマセロの議論では、協力という唯一の本性が定められており、そのため道徳の発展が、同情的配慮から業績原理へと至る、過度に直線的なプロセスとして描かれてしまいます。けれども、人間の本性は１つではなく、道徳の発展も複数的でありうるのではないでしょうか。ここで参照したいのが、人類学者**グレーバー**（Graeber, D.）の議論です。彼にとって人間の本性は１つなわけではありません。狩猟採集を行っていた先史時代において、人間はすでに相互扶助し、約束をし、争い、からかい、さまざまな社会関係を発明しつつ、多様な他者と結びついてきたというのです（グレーバー＆ウェングロウ 2023）。そうであるなら、道徳も唯一の起源をもつというより、複数の原理の絡まりあいとして把握できるはずです。それではグレーバーは道徳をいかにとらえるのでしょうか。

　彼は大著『負債論』において、借りたものは返さなければいけないという道徳規範を、人類 5000 年の歴史をふまえて検討し直します。借りたら返すこと、あるいは貰ったら返礼すること、それらは広い意味での**交換の道徳**であり、社会関係を営む上で不可欠なものです。私たちははるか以前から、日常生活において多様な物や能力を貸し借りし、交換することで、社会関係を営んで

きました。グレーバーによれば、こうした貸し借りや交換は、公平や均衡といった感覚と結びつき、平等と相互承認を前提とします。一方が返さなければ、負債が生じ公正さが損なわれるがゆえに、返さないことは悪とされるのです。このように相互性を基盤とした公正が、交換における道徳であり、数々の道徳理論が依拠してきた原理となります（グレーバー 2018, 154-163 頁）。

　とはいえ、私たちが営む社会関係は交換だけではありません。そこでグレーバーがあげるのが**ヒエラルキー**と**コミュニズム**です。ヒエラルキーは、搾取的なものから慈恵的なものまで存在し、非対称的関係と習慣という原理に基づいて機能します。搾取する場合も施しを与える場合も、一定の上下関係のもとで一方的な収奪や贈与が行われ、それが習慣となります。これに対してコミュニズムとは、「**各人はその能力に応じて**［貢献し］、**各人にはその必要に応じて**［与えられる］」（上掲書, 142 頁）という原理に基づく人間関係です。コミュニズムといっても、それは社会体制のような大げさなものではありません。

　たとえば、水道を修理する際に、近くの同僚に「スパナを取ってくれないか」と頼む時、同僚はとくに考えずに応じるでしょう。そこで負債やヒエラルキーが生じることはありません。このように一時的でありながらも、「社交性」の基盤として機能している関係を、グレーバーは**「基盤的コミュニズム」**と呼びます。それは、収支計算を伴わない点で貸し借りや交換と異なり、上下関係を伴わず、一時的という点でヒエラルキーと異なります。それこそ、計算や業績に還元されない、日常的な道徳原理だといえるでしょう。

　借りたら返す、また貰ったら返礼するというのは交換の道徳原理にすぎません。ヒエラルキーは上下関係と習慣を、コミュニズムは能力に応じて働き必要に応じて受け取ることを原理とします。グレーバーによれば、交換、ヒエラルキー、コミュニズムは、相互に絡まりあっており、容易に移行したり、反転したりします。こうした発想のもとでグレーバーは、トマセロのように同情的配慮から業績原理へという道筋を描くのではなく、人類がその初期から複数の原理のあいだを揺れ動いてきたと考えます。すなわち、人類は複数の原理がせめぎあう場で遊戯的な仕方で社会関係を営んできたのです。グレーバーは、複数

の原理の狭間で特定の原理を選び、あらたな社会関係を創造する自由に、人間の本性を見出します。それは、唯一の人間の本性を定めてそこから道徳性を導出する議論とは異なり、遊戯と自由を道徳の条件とする見方になります。

　さらに「基盤的コミュニズム」という論点は、利己心の抑制や調整、そして公正や正義を道徳としてとらえることに疑問を投げかけます。近代の道徳理論のいずれも、いわば交換の道徳を基盤とし、みずからの利己心を理性的に抑制する自律的な個人を道徳的な人間と見なしてきました。とはいえ、「基盤的コミュニズム」は、スパナの例のように、収支の計算以前に他者のニーズに応答する人間に焦点を当てます。ここに示されているのは、自律した個人ではなく、他者と相互に依存し、他者をケアする人間です。現代において、こうした道徳的人間像を提示したのが、発達心理学者**ギリガン**（Gilligan, C.）です。

第4節　「ケアの倫理」へ

　ギリガンは、1982年の記念碑的著作『もうひとつの声』において、「**ケアの倫理**」という道徳原理を提唱することで、既存の道徳理論を根底から揺るがしました。西洋の道徳理論が、男性視点に立ち、自律した個人を前提とする正義の道徳を論じてきたのに対して、彼女はそれまで無視されてきた女性の「声」に耳を澄まし、平等や公正とは異なる道徳を見出します。それは、自律ではなくつながりから出発し、依存とケアを肯定する道徳観になります。ギリガンの議論は正義とケアの関係をめぐる論争を引き起こし、それは今も続いています。それではギリガンはいかに「ケアの倫理」に辿り着いたのでしょうか。彼女はエリクソン（Erikson, E.）や**コールバーグ**（Kohlberg, L.）といった発達心理学者のもとで研究を始めながらも、かれらの理論が、女性が発達上で直面する葛藤をとらえきれていないと考えるようになります。そして、コールバーグによる**道徳性の発達理論**の批判的検証に着手するのです。

　コールバーグの理論は、道徳性が6つの段階に従って発達することを、実証的かつ理論的に示すものでした。彼によれば、道徳性の発達の最初の2つの段

階（慣習以前の水準）において、善と悪は、自己や他者の快・不快を基準に判断されます。すなわち、自分や他人が喜ぶことが善となります。つぎの２つの段階（慣習的水準）では、周囲との関係や慣習、さらに社会秩序の維持が基準となります。たとえば、まわりによく思われる行為や社会的に正しい行為が善となります。そして、最後の２つの段階（自律的・原理的水準）では、集団の権威から脱却し、既存の慣習や制度を超えて、普遍的な善を探求します（コールバーグ1987, 171-173頁）。こうした段階づけにおいて、社会契約論は慣習的水準に、功利主義は慣習から原理に進む段階に、カントの義務論は自律的・原理的水準に対応するといえるでしょう。さらにコールバーグは、個々人の道徳性がどの段階かを判定するための課題を考案します。それが**モラル・ジレンマ**です。そこでは葛藤を生み出す状況が示され、それにいかに答えるかによって道徳性の段階がわかるとされます。有名な**ハインツのジレンマ**を見てみましょう。

　ハインツの妻が病気にかかり、医者にこのままでは死んでしまうと言われます。病気を治すには、町の薬屋が特別に開発した薬が必要です。しかし、その薬には法外な値段がつけられています。ハインツがお金を借りて回っても、必要な額の半分しか用意できません。そこで彼は、薬屋に事情を話し、値下げをするか、支払いを延期してほしいと頼みます。けれども薬屋は冷たく断ります。そこでハインツは絶望し薬を盗もうとします。さてハインツはどうするべきだったか、というのがハインツのジレンマになります（上掲書, 181-186頁）。

　むろん、正しい答えがあるわけではありません。コールバーグが重視したのは、結論ではなく、そこに至る思考のプロセスです。たとえば、捕まるから薬を盗むべきではないという答えも、妻が死ぬと悲しいから盗むべきだという答えも、快や不快を基準としています。また、盗んだことを知ったら妻がどう感じるかという観点からの答えや社会秩序の維持をめざす答えは、周囲の反応や慣習を基準とする道徳を示すものです。こうして、モラルジレンマによって道徳の発達が精査可能となるのです。けれどもギリガンは、そこに疑問を挿し挟みます。コールバーグの段階づけは自律、公正、正義を重視する道徳に基づいています。しかし、それは男性視点の偏った道徳原理ではないか、それとは異

なる道徳原理を語る女性の「声」が押し殺されてきたのではないか、そのようにギリガンは考えます。そこで彼女がひきあいに出すのが、ジェイクとエイミーという 11 歳の少年少女の正反対の反応です。

　ハインツのジレンマに対してジェイクは、「所有の価値と生命の価値の対立の問題であると整理し」、数学の問題を解くように、生命の方が優先されるべきだという答えを論理的に導き出します。そして、規則や法律を正しさに基づいて修正しうるという観点から、裁判官もハインツに最小限の罰しか与えないだろうと考えます。これに対してエイミーの答えは、明確なものではありません。盗むべきではないが、妻が死ぬことも避けるべきであり、お金をつくるほかの方法を探り、薬屋ともっと話しあうべきだと主張します。彼女は、ハインツが牢屋に閉じ込められ、妻が必要な時にそばにいることができなくなるのではないかと心配します（ギリガン 2022, 98-107 頁）。

　コールバーグの発達理論に基づけば、明らかにジェイクはエイミーより進んだ段階にいます。彼は理性的に物事を価値づけ、既存の規範に対抗し、論理的に答えを出そうとします。それはたしかに、普遍的な善へと至る兆候を示しています。しかしギリガンは、エイミーが「未熟」なのではなく、ジェイクとは異なった仕方で自己と世界をとらえていると考えます。ジェイクにとって自己とは特定の属性や能力を有する意思決定の主体であり、世界とは自律的な個人の集合です。そこでは、他者の自由を侵害しないよう、各自が利己心を制限し、共通の規範を見出すことが課題となります。これに対してエイミーにとって、自己も世界も多様な「関係の網の目」から構成されており、関係性を維持し拡大することが重要なのです。それゆえエイミーは、他者に心を配り、ハインツと妻の関係の持続、またハインツと薬屋の関係の修復を模索します。

　ギリガンは、エイミーのか細い「声」に耳を澄まし、そこに「ケアの倫理」を見出します。それは、既存の道徳理論のように、依存から脱し自己を確立することを道徳の条件とはしません。むしろ、関係から世界と自己をとらえ直し、誰もが誰かに依存し、相互依存のつながりで世界が成り立つと考えます。そこにおいて、依存は否定されるものではなく、関係を生み出すものとなりま

す。そして自己は、多様なニーズとその応答の連鎖のなかで立ち上がるものとなるのです。たとえば、エイミーが語るハインツにおいて、その自己は、妻や薬屋との関係に組み込まれ、かれらの反応と不可分です。このように「ケアの倫理」は、依存を前提とし、自己を関係的かつ流動的なものととらえながら、ニーズを満たし関係を広げることを道徳的と見なします。

　ここで重要なのは、「ケアの倫理」が自己犠牲を称揚するわけではない点です。ギリガンは、「ケアの倫理」における道徳の発達が、関係に埋没した自己から、関係と自己の両立に向かうと論じます。つまり、他者のニーズに巻き込まれた状態から、もつれが渦を形成するようにして、他者に還元しえない自己のニーズが流動的な仕方で立ち現れます。そして他者との関係と自己のニーズの葛藤を経て、それらをともにケアすることが可能となるのです。関係の内にありつつ自己を維持することが道徳的とされ、これをギリガンは「個体化を経て相互依存に至る」（上掲書、143頁）と定式化します。

　ここでの相互依存は、対等な個人によるケアの交換ではなく、関係性の網の目におけるケアの循環を指しています。すなわち、ケアを相互に交換するのではなく、ケアされたら今度は別の人をケアしたり、あるいはケアしている人を別の誰かがケアしたりするように、必要に応じてケアが循環し、関係が拡大していくのです（キテイ 2010, 156-158頁）。それは、「基盤的コミュニズム」の1つの形です。このように「ケアの倫理」は、対等な個人が利己心を調整しながら形成する社会ではなく、能力と必要に応じてケアが不均等に循環する社会のイメージを提起するのです。

　ギリガンの「ケアの倫理」は、個人の利己心ではなく、関係を第1に置き、関係の網の目の内でケアする道徳的人間像を明確化します。それは、近代的な道徳理論が前提としてきた利己的個人の手前にある、力動的な自己と道徳のあり方を示しています。その意味で「ケアの倫理」は、正義の道徳よりも根底的であり、社会関係の基礎をなすものです。とはいえ道徳原理の絡まりあいという視点に立つのであれば、「ケアの倫理」を唯一の原理とすることはできません。「ケアの倫理」と正義の道徳、両者はともに人間社会を構成する道徳原理

であり、両者の絡まりあいのなかでそのつど、固有の道徳的行為をなすところに、人間の自由があるといえるでしょう。

第5節 実践に向けて——幾つかの示唆

　これまで見てきたように、道徳の原理は決して1つでありません。そして、複数の原理はしばしば絡まりあっています。そのことは、道徳教育の実践に幾つかの示唆を与えます。現代日本の道徳教育において、複数の道徳的価値を教えることが重視され、また道徳的価値が対立することも強調されています。その際に、それぞれの道徳的価値がいかなる道徳原理に基づいているかを検討し、道徳的価値の複数性を原理の対立や絡まりあいという観点から理解することは、教育実践の解像度を高めるでしょう。それぞれの道徳原理の射程や問題点を理解し、場面ごとに適切な道徳原理を検討すること、そしてどのような場面で原理の対立や絡まりあいが生じるかを考えることは、道徳的価値のより深い理解とともに、道徳的価値の対立のとらえ直しを可能にします。

　また、道徳原理が複数あることは、道徳の評価を考える際に重要です。道徳の評価は、それぞれの原理の適切な理解に基づいているかという観点から行うことができるでしょう。他方で、複数の道徳原理に序列を設けることには慎重になる必要があります。ギリガンがコールバーグを批判したように、道徳原理を序列化すること自体、一定の原理に基づいており、そこには別の原理の切り捨てがありうるからです。

　さらに現代社会における道徳の困難が、複数の近代的な道徳原理が調停不可能なまま競合していることに起因するとすれば、「基盤的コミュニズム」や「ケアの倫理」に目を向けることは重要です。その際に、それらを複数の道徳原理の1つと見なすだけでは、自律的な個人という前提は維持され、関係やケアは補足的に位置づけられるにとどまるでしょう。むしろ、「基盤的コミュニズム」や「ケアの倫理」を根底に据え、関係性の網の目のなかで生起する流動的な自己の内に身を置く必要があります。そこではじめて複数の道徳原理が絡

みあい生成する場に入り込み、あらたな原理を作り出す自由を手にすることができるのではないでしょうか。

（渋谷　亮）

演 習 問 題

(1) 「学習指導要領」の道徳的価値がそれぞれ、どの道徳原理に基づくかを考えましょう。

(2) それぞれの道徳原理がどのような場面で適切となるかを考えましょう。

【引 用 文 献】

ベンサム, J.（2022）中山元訳『道徳および立法の諸原理序説　上』筑摩書房.

フロイト, S.（2009）須藤訓任責任編集『フロイト全集 12 巻　トーテムとタブー』岩波書店.

ギリガン, C.（2022）川本隆史・山辺恵理子・米典子訳『もうひとつの声で――心理学の理論とケアの倫理』風行社.

グレーバー, D.（2018）酒井隆史監訳『負債論――貨幣と暴力の 5000 年』以文社.

グレーバー, D.・ウェングロウ, D.（2023）酒井隆史訳『万物の黎明――人類史を根本からくつがえす』光文社.

カント, I.（1960）篠田英雄訳『道徳形而上学原論』岩波書店.

キテイ, E. F.（2010）岡野八代・牟田和恵監訳『愛の労働あるいは依存とケアの正義論』白澤社.

コールバーグ, L.（1987）岩佐信道訳『道徳性の発達と道徳教育――コールバーグ理論の展開と実践』広池学園出版部.

小松佳代子（2006）『社会統治と教育――ベンサムの教育思想』流通経済大学出版会.

ニーチェ, F.（1993）信太正三訳『ニーチェ全集 II　善悪の彼岸　道徳の系譜』筑摩書房.

重田園江（2013）『社会契約論――ホッブズ、ヒューム、ルソー、ロールズ』筑摩書房.

トマセロ, M.（2020）中尾央訳『道徳の自然誌』勁草書房.

3 技術がもつ道徳性とは？

「情報倫理・技術倫理」について

技術がもつ道徳性とは何でしょうか。倫理や道徳は人間の問題であり、道具にすぎない技術には関係ないはず、とみなさんが考えることは自然な反応だと思います。しかし技術はある仕方で道徳の問題に関わっているのです。本章では、技術がもつ道徳性とはいかなるものなのか、それが私たち人間といかに関わっているかを考えていくなかで、常識とはまったく異なる情報倫理・技術倫理の姿をみなさんと一緒に見ていきたいと思います。手始めに、SNSと意見の形成の関係について考えてみましょう。あなたは主体的に自分の意見を形成しているでしょうか。それともSNSによって形成の仕方が決められているのでしょうか。はたまた、あなたとSNSはともに意見の形成に関わっているのでしょうか。どの見方が適切なのか、選んだ理由とともに考えてみてください。

【自分の考え】

1. あなた（人間）はSNSの投稿から主体的に自分の意見を形成している。

2. あなたの意見の形成の仕方はSNS（技術）によって決められており、あなたにできることはない。

3. あなたとSNSは協働しており、あなたもSNSももともとは意図していない形で意見が形成される。

【そのように考えた理由】

第1節　技術とともにある私たち

1. これまでの教育における技術観

　まず既存の情報教育・情報倫理において、技術がどのようなとらえ方をされてきたのか、ざっくり見ていきましょう。文部科学省の「高等学校学習指導要領」の「情報Ⅰ」の目標には、次のような記述があります。「情報に関する科学的な見方・考え方を働かせ、情報技術を活用して問題の発見・解決を行う学習活動を通して、問題の発見・解決に向けて情報と情報技術を適切かつ効果的に活用し、情報社会に主体的に参画するための資質・能力を次のとおり育成することを目指す」「様々な事象を情報とその結び付きとして捉え、問題の発見・解決に向けて情報と情報技術を適切かつ効果的に活用する力を養う」（文部科学省 2018, 190 頁）。これらの記述から読み取れる技術観はどのようなものでしょうか。「情報技術を適切かつ効果的に活用」とくり返されており、何の変哲もない表現のように見えますが、実はここから、技術が人間によって活用される**道具・手段**と見なされていると指摘することができます。しかしこの見方があてはまらない場合もあるのです。

　Instagram や X（旧 Twitter）等の SNS の使用を考えてみましょう。私たちは SNS を通じてさまざまな情報にさらされているため、そのなかから主体的に取捨選択したり真偽を確認したりすることが大切であるとこれまで教わってきたのではないでしょうか。しかしタイムラインに流れてくる情報はすでにアルゴリズムによって各ユーザーの好みに偏ったものにされています（いわゆるフィルターバブル）。各ユーザーがアルゴリズムによって選別された情報をもとに自分の好みや考えを形成しているのだとすれば、私たちが SNS を完全に道具として使いこなす主体であるといえるかどうか怪しくなってくるのではないでしょうか。人間が技術を使用するという状況は実のところ複雑なのです。

2. 道具以上の働きをする技術

　技術を人間によって取り扱われるにすぎない――価値中立的である――道具

と見なす一見自然な見方は、**道具説**と呼ばれるものです。ユーザーと SNS の関係で考えてみると、ユーザーがタイムラインに流れてくる投稿を参照しつつ、主体的に自分の意見を形成することに当たります。

　しかし、人間と技術の関係に対する見方は 1 通りではありません。技術が人間の行為を決定する、技術の**自律説**という見方もあります。この見方に従えば、ユーザーがもつ意見はタイムラインに流れてくる投稿、またそれを決めるアルゴリズムによって決定されることになります。ただこの構図はみなさんの直感に反しているかもしれません。

　では、人間と技術の両方が働いている、すなわち人間と技術の**相互作用**によって行為が決まるという見方はどうでしょうか。この見方は**媒介説**と呼ばれます。媒介とは、あるアクター（行為を行う存在者）がほかのアクターの行為に対して、何も影響を及ぼさない独立した中間項として働いているのではなく、そのアクターと連関して当の行為を変換してしまう媒介項として働き、結果として両アクターともに変容してしまうことを表しています。あらゆるアクターは相互に連関したネットワークのなかでうごめいており、もはや 1 つのアクターのみによって行為が生じることはありえません。

　媒介説の考えでは、ユーザーがタイムラインの投稿を見て自分の意見を形成するという行為は、「ユーザー + SNS（アルゴリズム）」というハイブリッドな行為者によるものと見なすことができ、ユーザーや SNS といった 1 つのアクターにはできません。行為は両者の相互作用によって生じているのです。

第2節　アクターとしての技術──媒介説とは何か

　本節では媒介説をさらに詳しく見ていきましょう。媒介説では、人間の知覚や行為が**技術によって媒介されている**と考えます。本節ではこの理論の一派である**ポスト現象学**の考え方を見ていきましょう。

　技術は人間の知覚や行為をいかにして媒介しているのでしょうか。ポスト現象学はこの問いに答えるにあたって、さまざまな技術による媒介のあり方を説

明してくれます。フェルベーク（Verbeek, P. P.）（2015）の説明にならい、4通りの人間—技術—世界の関係を見ていきましょう。

1つ目の関係は「身体化関係」と呼ばれるものです。技術は使用する人に組み込まれ、その技術を通じて人間は世界を知覚します。技術はその人の身体のように機能し、身体能力を強化・拡張しますが、その技術の存在はもはや意識されません。具体例として、メガネをあげましょう。メガネはかけている人の視覚能力を補助していますが、着用していることは基本的に意識されません。

2つ目の関係は「解釈学的関係」と呼ばれます。技術は、いわば翻訳者のように機能することで、技術なしには人間にとってアクセスできなかった世界を知覚可能にしてくれるのです。具体例として、温度計があげられます。温度計は温度についての実在の代理表象としての数値を示してくれ、人間がその数値を解釈することで具体的な温度を知ることができます。この関係においても1つ目の関係と同様、技術による媒介は忘却されています。

3つ目の関係は「他者関係」と呼ばれます。この関係において、技術はまるで生きた他者のような存在として私たちの目の前に現れ、技術との相互作用が行われます。上記2つの関係とは異なり、技術そのものと向きあうのが特徴といえるでしょう。具体例として、ゲームでNPCと対する場面を思い浮かべてみてください。NPCは人間ではありませんが、まるで向こう側で誰かがプレイしているように感じられます。

最後の関係は「背景関係」と呼ばれます。この関係において技術は、私たちの経験の背景で役割を果たし、経験の文脈を形成してくれます。具体的には冷蔵庫があげられます。私たちがスーパーで買ってきた食材をごく当たり前のこととして数日間保存しておくことができるのは、背後で冷蔵庫がきちんと動いているからなのです。

ここで2点注意事項をあげておきます。1つは、このような関係性は技術によって決定されるものではなく、技術が使用される文脈によって、異なる「安定状態」が定まりうるということです。これをポスト現象学では「複数安定性」と呼びます（上掲書, 19頁）。人間と技術の関係はどちらか一方が定めるも

のではなく、人間と技術がいかなる媒介の形を取るのかによって変化するということを覚えておいてください。

　もう1つは、技術はある種の「志向性」を保持しているということです（上掲書, 18頁）。「志向性」とは、人間の知覚を方向づける性質のことです。「身体化関係」と「解釈学的関係」において、技術によって変換された世界を人間は知覚していますが、そこでは「増減と縮減のセット」という構造が働いています（上掲書, 18頁）。媒介の際に技術は対象のある局面の増減や縮減を行うのです。あなたが生で聴いている音楽を録音してまた後で聴くことを考えてみましょう。生で聴いた時とはまた違ったように聴こえるはずです。これは録音機器の「志向性」が働いているからだと説明できます。技術は決して中立な道具ではなく、能動的に人間の知覚に介入しているのです。ただしこの「志向性」は人間と技術の相互作用によって技術が獲得するものであり、技術にもとから内在する性質ではありません。「複数安定性」のもとで技術はさまざまな「志向性」を保持しうるのです。

第3節　道徳性を帯びる技術

　前節では、技術が人間の知覚・行為を媒介することを確認しました。本節では、技術による媒介が道徳性を帯びる事例について考えてみましょう。道徳の領域においても技術による媒介は働いているのです。

1. 人間の意図として埋め込まれた道徳性

　技術がもつ道徳的次元についての研究で古くから有名な例として、アメリカの哲学者ラングドン・ウィナー（Winner, L.）（2000）による人工物の政治性の分析があります。彼が分析の対象としたのは、建築家ロバート・モージスによって設計された、ニューヨーク・ロングアイランドの陸橋です。この橋は自家用車だけが下を通れるように「意図的」に低く設計されていますが、これにはウィナーが分析を行った20世紀後半の政治的・経済的状況が大きく関わってい

ます。この橋はジョーンズ・ビーチという海岸へ通じる公園道路にかかってお
り、橋の低さゆえにバスには通り抜けができません。当時アフリカ系アメリカ
人は自家用車をもつことができなかったために、海岸に行くことができなかっ
たのです。この事例では、人間の「人種差別的な」意図が物質的形態を橋とい
う技術に埋め込まれているといえるでしょう。

2. 人間の意図には還元されない道徳性

　しかし、技術の道徳性がすべてウィナーの分析のように人間の意図に還元さ
れるわけではありません。フェルベーク（2015）があげている胎児のダウン症
検査に用いられる超音波検査機の事例を見てみましょう。

> 超音波技術は、子宮内の子供を見るという機能をもった手段であるというだけ
> ではない。その技術は、まだ生まれぬ子供が人間として見られる仕方の形成に
> 能動的に介入し、そうすることによって、子供の将来の両親がする選択を導い
> ている。例えば、その技術は、医学的基準に沿って胎児を視覚する能力によっ
> て、胎児を潜在的患者として構成し、場合によっては、その両親を、まだ生ま
> れていない子供の生命に関する決断者として構成するのである。（フェルベーク
> 2015, 30頁）

　少し噛み砕いてみましょう。医師や夫婦は、素朴に超音波技術を道具として
用いて、胎児を中絶するかどうかという判断の参考材料にしているわけではも
はやないのです。超音波技術がなければ、胎児を中絶するかどうかという選択
も存在しえず、胎児が潜在的患者になることもなく、夫婦が決断者になること
もなかったでしょう。超音波検査機は周囲の人間を媒介し、病気のリスクをも
った胎児を中絶するかどうかという決断の場を構成するという、道徳的に重要
な働きをしているといえます。

　ただし、前項の橋の例とは異なり、超音波検査機は夫婦に胎児を中絶するか
どうかの選択を迫ることを意図して作られたわけではありません。本来「胎児
が病気のリスクをもっているかどうかを検査する」ことしか超音波検査機には
本来求められていないのです。では、超音波検査機が保持する道徳性はどこか

ら生じているのでしょうか。それは、周囲の人間との媒介においてにほかなりません。この媒介において、超音波検査機は「中絶の判断の場を形成する」働きを獲得するのです。人間と技術の媒介によって技術の道徳性は立ち現れてくること、これが技術の「道徳的媒介」のメカニズムです。

 第4節　技術と自由

　前節では、人間と技術の媒介のなかで技術が道徳性を獲得し、人間の道徳的な行為を形成していることを見てきました。人間の知覚や行為が技術によって形成されており、道徳にまで技術が介入しているのならば、私たち人間は自由に行為や選択を行うことができるのでしょうが、また、そうした行為や選択に責任を取ることができるのでしょうか。本節ではこうした問いに答えるために、技術と自由の関係を見ていこうと思います。

1. 私たちに自由はあるのか

　まず自由という概念が何を意味しているのか考えてみましょう。多くの方は、誰にも邪魔されず、自分で好きなように行動したり選択できたりする状況が自由だと思い浮かべるのではないでしょうか。この「誰にも邪魔されない」自由というのは、「**消極的自由**」（バーリン 1971）と呼ばれるものです。他者による「干渉がない」ことに着目するのが「消極的自由」のポイントです。

　しかし、前節までで見てきたように、技術とともに生きる私たちの知覚や行為は常に技術に媒介、すなわち「干渉」されているため、定義上「消極的自由」はありえません。私たちが自由であるためには、自由概念を技術との関係のなかでとらえ直さなければなりません。

　「消極的自由」と対置される自由概念として、自己実現や自律のように、自分で選択し、自分でコントロールすることを重視する「**積極的自由**」（上掲書）というものがあります。すでに述べたように、媒介説では、人間の意図は技術によって決定されるのではなく、むしろ技術との関係において生じてくるとさ

れます。であれば、技術による媒介のもとでも私たちにはこの意味での自由の余地が残されていると考えられますし、それどころか、技術が存在しなければ私たちは自由に行為することすらできないといってもよいでしょう。

2. 自由をいかに実践するのか

前項で技術による媒介のもとでも私たちには自由があることがわかりましたが、具体的にどのようにすれば技術と自由な関係を結ぶことができるのでしょうか。オランダの技術哲学者スティーブン・ドレスタイン（Dorrestijn, S.）（2012）は、フランスの哲学者ミシェル・フーコー（Foucault, M.）の議論（1986）を技術哲学に転用し、技術との関係における「**主体構成の倫理**」を提唱しました。本項ではこの「主体構成の倫理」を通じて、技術との自由な関係の結び方を見ていこうと思います。

「主体構成の倫理」は①倫理的実体、②従属化の様式、③自己実践、④自己実践の目的論、の4つの「層」から成っています（Dorrestijn 2012; フェルベーク2015）。順に確認していきましょう。

①倫理的実体は、これから私たちが倫理的な実践を行う対象、倫理的な考慮をする対象というくらいにとらえておきましょう。技術との関係においては、技術に媒介された私たちの行為や主体性があてはまります。

②従属化の様式は、みずからを道徳的規範に従うように仕向ける仕方のことであり、技術との関係においては、私たちが技術に媒介されている仕方を指しています。この仕方にはさまざまな種類があり、速いスピードで運転することを不可能にするスピードバンプのように、特定の仕方で行動するよう「強制」する仕方、使い方によって電気料金や環境への影響を使用者にフィードバックしてくる洗濯機のように、違った行為をとるよう「説得」する仕方、はたまた小売店の設計が特定の商品を客に買わせようと仕向けるように、気づかれないまま説得を行う「誘引」という仕方（フェルベーク 2015, 145頁）などをあげることができます。

③自己実践は、みずからを道徳的な主体として形成しようとする能動的な営

みのことです。技術との媒介に身を委ねるだけではなく、技術とのあいだに適切な距離を取る方法を見つけて、技術と生産的な関係を築く「鍛錬」が求められます。前述の超音波検査機の事例から考えてみると、おおよその出産予定日を調べるためだけに検査を受けることや、検査により胎児の病気などが見つかることもあることを考慮した上ですべての検査を受けること、検査について調べた上で検査をすべて拒否すること（上掲書, 150頁）などがあげられます。いずれも超音波検査機という技術による媒介に対して能動的に関係を築こうとする試みだといえるでしょう。

④自己実践の目的論は、どのような道徳的主体になりたいか、すなわち技術に媒介されつつあるどのような被媒介的主体になりたいかという問いに答えることです。再び超音波検査機で考えてみると、私たちには、出生前の子どもの命について判断をしなければならない主体、状況とは独立に存在している規範に基づいて自分自身のあり方を決める主体、病気のリスクをもった子どもを産むことがもたらすすべての可能的帰結を慎重に吟味するために、技術的な形態で出生前の命と接触する機会を使用したいと望む主体など、検査機との関係のなかでさまざまな主体になる自由があります。また③自己実践の方向性を定めるためにも目的論を定めることが要請されます。

以上述べてきた4つの「層」から成る「主体構成の倫理」を実践することで、私たちは技術との関係に能動的に参入することができます。この実践によって、私たちは技術とともに自由を実現することができるのです。

第5節 実践に向けて——情報技術をいかに使っていくか

ここまで媒介説に則ったさまざまな枠組みを紹介してきましたが、現在の情報技術にどのように適用できるのか、とみなさんも疑問に思われるでしょう。本節では情報技術を使用する実践に向けて、媒介説の観点から情報技術とともに生きる未来像を描き、道徳教育における媒介説の意義を述べようと思います。

1. 情報技術と媒介説

　情報技術のなかでもとくに注目を集めている AI やロボットを考えてみましょう。第2節で取り上げたポスト現象学的な枠組みを AI やロボットに適用してみれば、さまざまな「志向的関係」が見えてきます。介護や接客などに用いられるソーシャルロボットは、人間にとってまるで「他者」のように感じられるため、「他者関係」が築かれているといえます。また冒頭で取り上げた SNS のアルゴリズムも、背後で安定して動いていなければ投稿がタイムラインに流れないため、「背景関係」が生じているともいえますし、多くの人の考えを投稿として代理表象しているために、「解釈学的関係」が生じているともいえます。

　このように多様な媒介関係のなかにある情報技術はどのような形で道徳性を保持しているのでしょうか。はじめから道徳的な判断を行うよう開発者によって意図された AI やロボットは現在検討・開発されている最中です。しかしすべての AI やロボットが独立して道徳的な判断を行う能力をもつように設計されているわけではありません。第3節で取り上げた超音波検査機のように、開発者の意図に関係なく、媒介のもとで人間が道徳的な行為や判断を行う場の形成に関わっているという意味で、AI 技術が道徳性を獲得する場合もありうるのです。

　SNS やそのアルゴリズムは、まさにそうした意味で道徳的な行為や判断の場を形成していると考えられます。たしかに SNS のアルゴリズムは、ユーザーの選好を学習して、そのユーザーの選好に合致した出力を示してくれるにすぎません。しかし私たちはその出力をもとに、どのような情報を受け取ってみずからの政治的信条を形成するかといった、道徳的な選択を行うこともできます。他方、仮にこのアルゴリズムや SNS 自体がなかったとすれば、ユーザーはまったく異なる政治的信条を形成していたかもしれませんし、場合によってはある話題についてはまったく意見をもつこともなかったかもしれません。このような形で SNS とそのアルゴリズムは、ユーザーの意見や信条を形成するプロセスに参画しているという点で、道徳性を保持しているといえます。

　では、媒介のもとで道徳性を保持するこうした情報技術に対して、私たちは

どのようにして能動的に自由な関係を築くことができるでしょうか。第4節で取り上げた「主体構成の倫理」に従って考えてみましょう。

①倫理的実体にあたるのは、情報技術に媒介されている私たちの行為と主体性です。②従属化の様式は、情報技術に私たちが媒介されている仕方であり、たとえば無意識にSNSを閲覧しているうちに偏った情報ばかりにふれるようになり、偏った価値観をもつようになることは、ユーザーの選好に合った投稿を表示するアルゴリズムによる「強制」だとも、それ以外の投稿が目に入りづらいというSNSアプリのユーザーインターフェースによる「誘引」だとも理解できるでしょう。③自己実践の段階では、情報技術と適切な距離を取って生産的な活用法をめざす能動的な「鍛錬」として、実にさまざまなアプローチが考えられます。AIのアルゴリズムを学んでみるのも、どのような過程を経て出力がなされるか知ることができるので有意義でしょう。また②従属化の様式を認識した上で、検索などを通じてその他の投稿を意識的に閲覧するようにすること、その他のメディア情報も同時に参照すること、SNSの使用をやめることなどが考えられます。最後に④自己実践の目的論とは、情報技術に媒介されたどのような被媒介的主体になりたいかという問いに答えることであり、たとえばSNSのアルゴリズムは統計的なモデルにすぎないという理由から、SNSを参考程度に利用する主体、SNS以外の判断材料も同等に重視する主体などの解答をあげることができます。

このように、私たちはさまざまな情報技術による媒介を自覚して、この媒介と生産的な関係を築いていく工夫を凝らしていくことができるのです。

2. 情報倫理教育における媒介説の意義

最後に、ここまで説明してきた媒介説が情報倫理教育においてどのような意義をもつかを示して論を締めくくりましょう。もっとも大きな意義は、「人間は自分たち自身で存在しているわけではない」（ラトゥール 2007, 423頁）ということに気づかせてくれる点にあります。私たちは日々道徳的な行為や判断を行いながら生きていますが、その際にさまざまな技術を用いている場合が多々あ

ります。私たちは普段そのような状況について、技術を道具として用いて道徳的な行為や判断を行っていると考えがちです。しかし、実際には技術は道具以上の働きを果たしており、むしろ技術なしでは私たちは何もできないのです。媒介説は、私たちが技術とともにあるということを、道徳を考えるスタート地点と考えることによって、私たちが単独では生きていけないこと、私たちがほかの人間や人間以外のさまざまな存在者とともに生きていることを再認識する重要な契機になるのではないでしょうか。

（秋葉　豊）

演 習 問 題

(1) 技術による媒介をふまえたら、ほかの情報技術の使用はどのように説明できるだろうか。具体的な情報技術を取り上げてポスト現象学の概念（本章第2節参照）を用いて記述的・道徳的な観点から分析してみよう。

(2) その技術が存在することで生じてくる道徳的な問題・性質には、どのようなものがあるだろうか。具体的な情報技術の事例とともに考えてみよう。またそのような道徳性を保持する技術とはどのような関係を築くことができるか、「主体構成の倫理」を用いて考えてみよう。

【引 用 文 献】

バーリン，I.（1979）小川晃一・福田歓一・小池銈・生松敬三共訳『自由論』みすず書房.

Dorrestijn, Steven.（2012）"Technical Mediation and Subjectivation: Tracing and Extending Foucault's Philosophy of Technology" *Philosophy & Technology* 25（2）, pp. 221-241.

フーコー，M.（1986）田村俶訳『性の歴史II——快楽の活用』新潮社.

ラトゥール，B.（2007）川崎勝・平川秀幸訳『科学論の実在——パンドラの希望』産業図書.

文部科学省（2018）「高等学校学習指導要領（平成30年告示）」.

フェルベーク，P.-P.（2015）鈴木俊洋訳『技術の道徳化——事物の道徳性を理解し設計する』法政大学出版局.

ウィナー，L.（2000）吉岡斉・若松征男訳『鯨と原子炉——技術の限界を求めて』紀伊國屋書店.

4 道徳はどのように 教えられてきたか？

「道徳教育の歴史（戦前・戦中）」について

　あらゆる教育には歴史があります。現在、日本の道徳教育は「特別の教科　道徳」（道徳科）を中心に行われていますが、そこにもまた歴史があります。日本では明治期のはじめから学校で道徳が教えられてきました。では、明治期から大正期を経て、第二次世界大戦が終結する昭和前期までのあいだ、道徳はどのように教えられてきたのでしょうか。それぞれの時代の社会状況を思い描きながら、当時の道徳教育の目的・内容・方法等について、想像してみてください。

　本章では、戦前・戦中の道徳教育の歴史について、小学校を中心にふり返りながら、日本で道徳がどのように教えられてきたのかを見ていきます。その上で、私たちが道徳教育の歴史を学ぶことの意味について考えてみることにしましょう。

【自分の考え】

【そのように考えた理由】

明治前期の道徳教育

1. 修身科の始まり

　日本の近代学校制度は 1872（明治 5）年の「**学制**」に始まります。学校における道徳教育も学制とともに始まりました。教科名は道徳科ではなく**修身科**でした。以来、修身科は明治期、大正期、そして第二次世界大戦が終結する昭和前期まで、さまざまな変遷を経ながら、日本の道徳教育を担ってきました。

　学制に基づいて策定された「小学教則」によれば、小学校は下等小学（4 年）と上等小学（4 年）からなり、下等小学で 14 教科、上等小学で 18 教科が定められました。修身科については下等小学の最初の 2 年間（第 8 級から第 5 級）に、週 1 〜 2 時間の「修身口授（ぎょうぎのさとし）」が置かれていたのみでした。下等小学の第 4 級以上と上等小学には配当されていませんでした。

　当初は今日のような生徒用の教科書はなく、欧米の倫理書の翻訳や、伝統的な教訓書を教師が読んで理解し、それを教師の口授（くじゅ）・説話によって児童に教えるという授業でした。学制期は修身に関わる教育があまり重視されず、実態としては、必ずしも全国の小学校で教科としての修身が設けられていたわけではなく、他の教科のなかで実施されることも多かったようです（江島 2016, 10-11 頁）。

2. 修身の筆頭教科化

　1879（明治 12）年に学制が廃止され、あらたに「**教育令**」が制定されました。学校の設置や管理、教育内容などを弾力化して、地域の自主性を重んじたことから、「自由教育令」と呼ばれます。この法令でも修身科の教科としての地位は低く、小学校の必修教科の最後に置かれていました。しかし、中央政府からの干渉を控える方針は教育の混乱と衰退を招く結果となりました。このため、翌 1880（明治 13）年に教育令は改正されました。一般に「改正教育令」と呼ばれるこの法令では、全国の学校の設置や管理、教育内容などを中央政府の統一的な指導のもとに置くことがめざされました。

　改正教育令によって、修身科の位置づけも大きく変化します。それまで必修

教科の最下位に置かれていた修身科が、あらゆる教科の筆頭に位置づけられました。こうした教科配列の順序の変更はささいな修正と見なされるかもしれませんが、「修身が従来と異なった考え方で取扱われるに至ったことを示す最も好適な事実」(海後 1981, 452 頁) でした。その後、修身科は 1945 (昭和 20) 年の終戦に伴って停止されるまで、筆頭教科の地位を保ちました。

3. 徳育の路線対立

修身科が重視されるようになった背景には、明治期のはじめから続いていた 2 つの教育理念の対立がありました。すなわち、西洋近代の学問に立脚して個人主義的功利主義の教育を説く立場と、日本の伝統とされる思想に基づき天皇中心の国家体制を担う臣民の育成を説く立場の対立です。そしてこの時期、後者の立場から教育を構築しようとする勢力が徐々に強くなっていきました。

その代表的な論者は明治天皇の侍講を務めた**元田永孚**でした。元田は 1879 (明治 12) 年に「**教学聖旨**」を起草し、そのなかで、文明開化以降の「智識才芸」を重視する教育が人々の品行と風俗を衰退させたとして、「仁義忠孝」を根幹とする儒教主義的な教育の重要性を主張しました。そして、修身の教育方法として、小学校入学直後から「古今ノ忠臣義士孝子節婦」の画像写真を掲示して彼らの行ったことの概要を説諭し、「忠孝ノ大義ヲ第一ニ脳髄ニ感覚セシメンコト」を提案しました (浪本 1982, 42 頁)。

「教学聖旨」における儒教主義を強調する主張に対して、政府内の内務卿、伊藤博文は政教分離の立場から、これを強く批判しました。政府内の論争に端を発し、その後明治 10 年代半ばから 20 年代はじめにかけて、福澤諭吉、西村茂樹、能勢栄などの思想家や知識人を巻き込んでいわゆる「徳育論争」が展開していきました。これが後の「**教育ニ関スル勅語**」(1890 年、以下、教育勅語) 発布の前提となりました。

4. 教授法の変化

改正教育令に基づいて出された「小学校教則綱領」(1881 年) において、修身

科は初等科（3年）と中等科（3年）で週6時間、高等科（2年）で週3時間配当とされました。教育内容については「初等科ニ於テハ主トシテ簡易ノ格言、事実等ニ就キ、中等科及高等科ニ於テハ主トシテ稍高尚ノ格言、事実等ニ就テ児童ノ徳性ヲ涵養スヘシ又兼テ作法ヲ授ケンコトヲ要ス」とされました（浪本1982, 49頁）。教授法については、「小学修身書編纂方大意」では小学校の修身科は「誦読ト口授トヲ兼用」「修身教科書ハ生徒ヲシテ之ヲ暗誦セシムヘシ」とされ、口授から誦読、暗誦へと変化していきました（江島 2016, 34頁）。

　それに対応する形で、文部省は修身科の教科書として、1883（明治16）年に「小学修身書初等科之部」「小学作法書」を、1884（明治17）年に「小学修身書中等科之部」を刊行しました。初等科之部が教師用の教科書であったのに対して、中等科之部は児童用であり、全文カタカナで書かれていました（江島 2016, 31-37頁）。

第2節　明治後期の道徳教育

1. 諸学校令下の修身科

　国家主義的な教育制度を確立しようとしたのは、伊藤博文内閣の初代文部大臣、森有礼です。森は1886（明治19）年に、「帝国学校令」「小学校令」「中学校令」「師範学校令」を制定するなど、近代学校制度の整備・充実に力を注ぎました。

　森の教育政策においては、修身科の扱いに変化が見られました。「小学校ノ学科及其程度」（1886年）によると、修身科は筆頭教科ですが、尋常小学校（4年）・高等小学校（4年）ともに毎週1時間30分程度の時間に減少しました。指導にあたっては「内外古今人士ノ善良ノ言行ニ就キ、児童ニ適切ニシテ且理会シ易キ簡易ナル事柄ヲ談話シ日常ノ作法ヲ教ヘ、教員身自ラ言行ノ模範トナリ、児童ヲシテ善ク之ニ習ハシムルヲ以テ専要トス」とされました（浪本 1982, 51頁）。授業内で教科書を使って教えるよりも、発達段階に応じた適切で理解しやすい事例を用いて、教員がいきいきと語りかけ、率先垂範することにより、日常生活での道徳的行為を習慣づけることが修身科の目的と考えられていました。

2.「教育勅語」の発布

　1889（明治22）年、大日本帝国憲法が公布されました。それは、「大日本帝国ハ万世一系ノ天皇之ヲ統治ス」（第1条）とあるように、天皇を頂点とする国家のあり方を定めたものでした。この天皇制イデオロギーを教育面から支持し強化する文書として、1890（明治23）年、教育勅語が発布されました。これにより、従来定まっていなかった道徳教育の基礎が、いまや天皇の名において確定されることになりました。

　教育勅語は天皇自身が臣民に呼びかける勅語という形で出されました。起草したのは大日本帝国憲法の起草者の1人である**井上毅**と、教学聖旨の起草者である元田永孚でした。教育勅語は全文315字で6つの文からなります。

　その内容を精緻に分析した高橋（2019, 12-100頁）によれば、第1文では、天皇の祖先である神々や歴代天皇による日本の建国と道徳の樹立を述べています。第2文では、過去の臣民が過去の天皇への忠孝に励んできており、この美風が「国体の精華」であり、「教育の淵源」であることを述べています。

　もっとも長い第3文では、臣民の守るべき徳目が列挙されています。徳目の数は12とされることが多いですが、解釈によってその数は異なります。この文の何よりの特徴は、「父母ニ孝」「兄弟ニ友」「夫婦相和」といった儒教道徳の五倫を中心とした徳目と、「智能啓発」「公益世務」「遵法」「義勇」といった西洋近代の個人や社会の徳目が列記され、それらすべての徳目が最後に、「天壌無窮ノ皇運ヲ扶翼スヘシ」（天と地とともに無限に続く皇室の運命を翼賛すべきである）という古事記や日本書紀で描かれた神話の世界に発する徳目につながっている点です。

　第4文では、そうした徳目を守ることによって、現在の忠実で順良な臣民になることができ、同時に過去の臣民の美風を顕彰することになると述べます。第5文では、ここに示した道徳が将来も守られるべきものであり、かつ普遍性があると述べ、最後の第6文ではあらためて道徳の体得を臣民に呼びかけて、締めくくっています。

　教育勅語発布の翌年、1891（明治24）年に出された「小学校教則大綱」で

は、「修身ハ教育ニ関スル勅語ノ旨趣ニ基キ児童ノ良心ヲ啓培シテ其徳性ヲ涵養シ人道実践ノ方法ヲ授クル」と規定されました。小学校教育の中心は教育勅語を基本とする道徳教育であり、修身科は直接的にこの目的に奉仕するものであることが明示されたのです。

3. 修身科の教科書

1891（明治24）年、文部省から「小学校修身教科書用図書検定基準」が公示され、明治30年代にかけて検定制のもとに修身教科書が編纂されました。そこでは徳目を基本にした内容と、人物の伝記を基本にした内容に分けられ、後の国定修身教科書の編纂が内容的に準備されることになりました。

修身科の教科書はその後、1903（明治36）年の諸学校令施行規則の改正により国定制となり、翌年からほかの3教科（国語、日本国史、地理）とともに国定修身教科書が採用されました。背景には、教育内容を中央集権的に統一化していこうとする意図と、教科書採択をめぐる贈収賄事件を抑止しようとする意図がありました。

国定修身教科書は、1945（昭和20）年までにその改訂により5期に分けられます。全体としては、偉人の生涯を特定の徳目に重ねあわせ、児童の心情に直接的に訴えかけていこうとするものでした。徳目・人物・心情が三位一体となった道徳授業のある種の型が形成され普及していきました（渡邉 2016, 133-136頁）。それは戦後の道徳教育にも影響を与えることになりました。

4.『銀の匙』での回想

教科書に基づく修身科の授業を当時の児童はどのように受け取っていたのでしょうか。**中勘助**（1885-1965）は自伝的小説『銀の匙』のなかで、自分が小学校時代に受けた修身科の授業を次のように回想しています。

> 私のなにより嫌いな学課は修身だった。高等科からは掛け図をやめて教科書をつかうことになっていたが（中略）、載せてある話といえばどれもこれも孝行息子が殿様から褒美をもらったの、正直者が金持ちになったのという筋の、しか

も味もそっけもないものばかりであった。おまけに先生ときたらただもう最も下等な意味での功利的な説明を加えるよりほか能がなかったので折角の修身はただに私をすこしも善良にしなかったのみならずかえってまったく反対の結果をさえひき起した。このわずか十一か十二の子供のたかの知れた見聞、自分ひとりの経験に照してみてもそんなことはとてもそのまま納得ができない。私は、修身書は人を瞞着するものだ、と思った。(中 2016, 162-163 頁)

　中は修身教科書の内容が現実離れしたきれいごとだと感じ、また徳目の意味を深く吟味することない教師の指導に反発を覚えたのだと思われます。もちろん、それが当時の修身科の授業と児童の反応を代表的に示しているとはいえませんが、教育を受けた児童の側の貴重な記録といえるでしょう。

 ## 第3節　大正期における改革

1. 新教育運動の展開

　大正期になると従来の修身科の授業に対する改革が試みられるようになります。背景には、国際的な**新教育運動**がありました。日本では、戦後の新教育運動と区別して「**大正新教育**」や「**大正自由教育**」と呼ばれ、学校教育全般の改革をめざすものでした。

　「新教育」とは 19 世紀末から 20 世紀初頭にかけて国際的に展開した教育改革の理論と実践の総称です。学校教育が拡充されていく先進諸国において共時的に、近代学校の問題が批判的に検討されました。スローガンとして「児童中心主義」や「子どもから」といった言葉が使われました。新教育の理論と実践は国や地域によってさまざまな特色があるため、ひとくくりにすることはできません。しかし、知的な能力だけでなく情意面や身体を含む諸能力の調和的発達をめざす点、生活と学習との結びつきを重視する点、個人の興味を尊重しつつ同時に共同体での学習や生活を重視する点などは、新教育の実践にほぼ共通していました。

　日本では、新教育の実践は主に私立学校や師範学校の附属学校で実験的に試

みられ、徐々に公立学校にも広がっていきました。修身授業の見直しも、こうした教育改革の流れのなかで行われました。

2. 及川平治の改革案

大正新教育の先鞭をつけた学校の1つとして知られる明石女子師範学校附属小学校（1904年設立）では、**及川平治**が「動的教育論」に基づく修身授業を提案しました。

前提となる主張は次の3点です。①静的教育を改めて動的（機能的）教育をなすべきこと、②教育の当体（児童）に存する事実を重んずべきこと、③真理そのものを与えるよりも真理の探究法を授けるべきこと（及川 1912, 1-18頁）。この主張はあらゆる教育活動の前提となります。その上で、及川が修身科において例示するのは、「病友を見舞ふ」という尋常3年生の授業です。授業の流れは以下の通りです（及川 1915, 344-350頁）。

第1時では、まず児童の学習動機を惹起するために、病気になった経験を紹介しあうとともに、学友小川さんの病状を説明し皆がどう思うかを問います。つぎに、児童が同情するのを受けて、毎日お見舞いに行くことを提案します。その上で、お見舞いの品として図画帖を提案し、見て楽しめる図画を各児童が工夫して作成します。各児童が描いた図画をクラス全体に紹介し、小川さんがさぞ喜ぶであろうと告げ、教師も1枚絵画を描きます。図画帖ができたところで、見舞いに行く順番を決めて図画帖を児童が持って行くことに決まります。

第2時では、前日にお見舞いに行った児童が小川さんの様子を報告します。本時ではさらに、図画帖以外に病友の慰めになる品を考え、児童から書き方、手工、綴方等の案が出ます。また教師から欠席中の日誌の作成を提案します。児童が作業中は机間巡視しながら、「小川君は如何に喜ぶならんか」と語りかけます。できた品は、前日のように当番の児童が小川さんの家に持参します。

後日、2日間の作業をふり返り、病友を慰めるに最善の方法だったかと問い直します。すると、少年雑誌を貸与することもありうるという児童もいました。小川さんの病気は数日で全快し、母子で来校して感謝の言葉を伝えま

た。それを受けて、予想外に早く全快したことは家族の看護だけでなく、全学友の至情の結果であると告げ、全員で「朋友」の歌を歌って締めくくります。

3. 野村芳兵衛の改革案

　大正新教育における道徳教育の改革を提案した人物として、ほかにも、東京の池袋児童の村小学校（1924 年設立）の**野村芳兵衛**をあげることができます。野村は、もっとも自分らしく生きることによって、もっともその子どもらしく育つように働きかけるという「生命信順」の教育を基盤にしつつ（野村 1974, 54頁）、修身授業のポイントを 3 点あげています。①概念を早く与えないで、生活を中心にした教育をすること、②教師の心持ちを伝えるのに、なるべく概念的な説明をさけて、芸術的作品の力をかりること、③いい思索態度、すなわち実感を基礎にした思索の態度を養っていくこと、です。

　このうち、③については、子どもは哲学者であるとした上で、実感を伴う思索には、自分の今までの生活を呼び起こしてみること、他人の経験を聴くこと、書物などで研究してみることが必要であると述べ、道徳教育における知的活動の重要性を説いています。また、思索における議論の意義を認めつつ、「議論好きになりすぎても困る。議論よりも議論以前の思索が尊い。又議論中の思索が尊い、議論後の思索が尊い。それ以上に議論した淋しさを味ふのが尊い」（上掲書, 205-220 頁）とも述べています。

　及川と野村に共通するのは、子どもの興味を出発点とし、子どもたちの生活と結びつけながら道徳について学び考えていくことがめざされていた点であるといえるでしょう。

第4節　昭和前期の道徳教育

　1924（大正 13）年には**岡田良平**文部大臣が、各地で展開している新教育運動を批判する声明を出しました。同年、長野県では修身科の国定教科書を使用しなかった教員が職を追われるという出来事（**川井訓導事件**）が起こりました。

1935（昭和10）年に文部次官名で「宗教的情操ノ涵養ニ関スル次官通牒」が出されました。そこでは、学校において特定の宗教を教育することが禁止されるとともに、教育勅語の趣旨に基づいて宗教的情操を涵養することが求められました。

1941（昭和16）年、**国民学校令**が公布され、小学校は国民学校に改称されました。国民学校においては、修身は国語、国史、地理とともに「国民科」という教科に再編成されました。国民学校令施行規則では、国民科修身の目的は「教育ニ関スル勅語ノ旨趣ニ基キテ国民道徳ノ実践ヲ指導シ児童ノ徳性ヲ養ヒ皇国ノ道義的使命ヲ自覚セシムルモノトス」（第3条）と定められました。同条では、紀元節や天長節のような天皇制と結びついた「祭祀ノ意義ヲ明ニシ敬神ノ念ヲ涵養スルニ力ムベシ」といった内容も明示されました（中野 1982, 101-103頁）。とりわけ戦中は、修身科と学校儀式とが道徳教育の2本柱になりました。

同規則では、教育の目的が教育勅語の精神に基づいて「国体」（天皇を中心とする国家体制）に対する信念を深化させることでした。他方で教育方法に関しては、意外かもしれませんが、新教育で主張されたことが積極的に推奨されました。具体的には、「教育ヲ国民ノ生活ニ即シテ具体的実際的ナラシムベシ」「児童心身ノ発達ニ留意シ男女ノ特性、個性、環境等ヲ顧慮シテ適切ナル教育ヲ施スベシ」「児童ノ興味ヲ喚起シ自修ノ習慣ヲ養フニ力ムベシ」と規定されました（上掲書）。

教育勅語の精神を外的な権威によって強要するのではなく、児童が内心から自発的に教育勅語の精神を身につけていくように、新教育的な手法が利用されたといえるでしょう。

 ## 第**5**節　実践に向けて——歴史的教養を磨く

本章では、戦前・戦中の道徳教育の歴史をふり返りながら、日本で道徳がどのように教えられてきたのかを見てきました。そこで確認できたのは、学制以来、道徳教育が修身科という教科として設置されていたこと。改正教育令以降、筆頭教科として重視されてきたこと。教育勅語の発布後は修身科が勅語の

精神を具体化する役割を担ってきたこと。大正期には教科書中心、教師中心の修身授業を批判して、子どもの興味を出発点にしながら、子どもたちの生活と道徳を結びつける試みがなされたこと。そして、国民学校期には修身は国民科の一部として位置づけられ、教育勅語の精神がいっそう強調されたこと、またその際に新教育的な手法が利用されたこと、などです。

　こうした事実を学ぶことは、教育の歴史的教養の１つとしてとても大切なことです。しかしそれは単に過去の事実を知っておくということではありません。過去の事実を知ることを通して、現在の道徳教育がなぜそうなっているのかを理解し、さらには将来の道徳教育がどうあるべきかを考えることが重要です。

　たとえば、2015（平成27）年の「学習指導要領」改訂により、「道徳の時間」は「特別の教科　道徳」（道徳科）へと教科化されました。そのスローガンは「考え、議論する道徳」ですが、それは従来の道徳授業が「**心情主義**」といわれるように、資料を読んで登場人物の生き方に共感し自分も○○したいと決意表明して終わるような授業が多かったことへの反省からきています。こうした心情主義の道徳授業は、戦前の徳目・人物・心情が三位一体となった修身教科書に基づく教授法にルーツを求めることができます。つまり、現在の「考え、議論する道徳」という理念は、戦後だけでなく戦前の道徳教育にまでさかのぼって、その意味を理解する必要があるといえます。

　また逆に、戦前の道徳教育に、今日の「考え、議論する道徳」のためのヒントを探すことも可能です。道徳の問題を自分ごととして受けとめ、自己のあり方、生き方を真摯に見つめるためには、道徳の問題を自分たちの生活と結びつけ、実感を伴って考えることが必要です。その際、生活による、生活のための教育を提唱した大正新教育の理論と実践のなかから、具体的な道徳教育の内容や方法に関する示唆を得ることも可能ではないでしょうか。

　ただし、大正新教育において道徳教育の内容と方法の改革が試みられた一方で、その大半が、教育勅語に示される道徳教育の目的それ自体を批判的に検討できていなかった点には留意が必要です。教育内容と方法の改革は、天皇を頂

点とする国家体制に奉仕すべき臣民を教育するという目的の枠内での改革でした。その意味では、道徳はほかの教科以上に、政治や社会の状況に影響を受けやすい教科だったといえます。そうした道徳教育の性格は現在も変わりません。道徳教育に直接・間接に影響を及ぼしうる政治的、社会的文脈に自覚的になることも、歴史的教養の１つといえるでしょう。

（渡邊　隆信）

演 習 問 題

　大正新教育において道徳教育の改革を試みた人物や学校には、本章で紹介した及川平治（明石女子師範学校附属小学校）や野村芳兵衛（池袋児童の村小学校）以外にどのような実践があったか、調べてみましょう。

【引 用 文 献】

江島顕一（2016）『日本道徳教育の歴史——近代から現代まで』ミネルヴァ書房.

海後宗臣（1981）『海後宗臣著作集（6）社会科・道徳教育』東京書籍.

中勘助（2016）『銀の匙』新潮社.

中野光・藤田昌士編著（1982）『史料道徳教育』エイデル研究所.

浪本勝年・志村欣一・岩本俊郎・喜多明人編（1982）『史料・道徳教育の研究』北樹出版.

野村芳兵衛（1974）『野村芳兵衛著作集（1）生命信順の修身新教授法』黎明書房.

及川平治（1912）『分団式動的教育法』弘学館書店.

及川平治（1915）『分団式各科動的教育法』弘学館書店.

高橋陽一（2019）『くわしすぎる教育勅語』太郎次郎社エディタス.

渡邉満・押谷由夫・渡邊隆信・小川哲哉編（2016）『「特別の教科 道徳」が担うグローバル化時代の道徳教育』北大路書房.

5 教科として道徳の授業を するとはどういうこと？

「道徳教育の歴史（戦後）」について

　「教室で道徳を教えるのに、なんでためらう必要があろうか。基本的な道徳は、普遍性、明快性、単純性を持っている」。内閣総理大臣の私的諮問機関である教育改革国民会議の第1分科会は2000年7月、小・中・高等学校の各段階において道徳の教科設置を求める内容とともに、上記の文章を「審議の報告」において公表しました。しかし、ここで1つの疑問が生じます。なぜ、わざわざ時代や文化の違いを超えたたしかな道徳というものが存在することへの揺るぎない信念を表明した上で、教育改革国民会議は道徳の教科化を求めたのでしょうか。また、そこでイメージされている教科としての道徳の授業とはいったいどういうものでしょうか。戦後の道徳教育の歴史をふり返る前に、まずはこれらの問いに取り組んでみてください。

【自分の考え】

【そのように考えた理由】

近年の道徳教育をめぐる大きな変化の１つが、2015年の「学習指導要領」等の一部改正による小・中学校での「**特別の教科 道徳**」の成立にあることは疑いありません。その直接の契機は2013年に設置された第２次安倍内閣の私的諮問機関である**教育再生実行会議**の提言にあります。しかし、道徳の教科化それ自体は教育改革国民会議（2000年設置、小渕首相の私的諮問機関）や**教育再生会議**（2006年設置、第１次安倍内閣の私的諮問機関）において再三にわたり政策課題として提言されてきました。また歴史をふり返れば、戦後に修身科が廃止されたことにより、戦後の道徳教育のあり方をめぐる議論が一貫して教科化の問題と密接に関わってきたともいえます。そのことから、「道徳の教科化は、〈戦後七十年〉の課題であると同時に、戦後の道徳教育の在り方を考える際の歴史的な結節点の一つ」（貝塚 2020、30頁）であるといわれています。

　2015年の道徳の教科化が戦後の道徳教育のあり方を考える際の歴史的な結節点の１つであるならば、2018年の「高等学校学習指導要領」改訂による公民科「**公共**」の新設・必修化もまたその１つであるといえるでしょう。それまで高校の公民科では「現代社会」の１科目必修か、「倫理」と「政治・経済」の２科目必修が求められていました。それが2018年の改訂により、「現代社会」が廃止され、「公共」が新設されるとともに必修科目となり、「倫理」と「政治・経済」は選択科目となりました。さらに、従来は「現代社会」と「倫理」において中学校道徳との関連を図ることが内容の取り扱いに関する配慮事項として示されていただけでしたが、それに加えてあらたに「公共」と「倫理」が特別活動とならんで道徳教育の「中核的な指導の場面」として位置づけられることになりました。すなわち、「公共」の新設・必修化により高等学校においても道徳教育の核となる教科が実質的に設けられ、小・中学校のみならず高等学校においても道徳の教科化がすでに実状として成立しているといえるのです。

　そこで本章では、戦後の道徳教育の歴史をふり返ることで、小・中・高等学校の初等中等教育における道徳教育の核となる教科の設定が、戦後道徳教育に

おいていかなる意味をもっているのかについて明らかにしたいと思います。

 ## 第2節　系統主義から経験主義へ

　1945 年の終戦直後から文部省は教育の戦時体制を平時体制に戻すため、学徒動員の解除通達など、矢継ぎ早にさまざまな暫定措置をとりました。9 月 15日には「新日本建設ノ教育方針」を発表し、今後は国体護持を基本としつつも軍国的思想や施策は払拭し、国民教養の向上と国民道義の高揚を図っていくという戦後の教育方針を表明します。この教育方針に基づき、9 月 20 日には「終戦ニ伴フ教科用図書取扱方ニ関スル件」の通牒が発せられ、国防軍備等を強調する等の箇所を削除することで（いわゆる「**黒塗り教科書**」）、修身科も含め当面のあいだは従来の教科書を用いた授業の実施が認められました。

　ただ、これらの措置はあくまでも教育を平時体制に戻すためのものであり、文部省は同時に戦後の新しい教育のあり方も模索しなければなりませんでした。そのなかにあって、**前田多門**文部大臣をはじめ当時の文部省は、「従来の教育があまりにも形式主義・画一主義」であったため軍国主義に利用され、その結果として国民道義が退廃し、国民教養の根本に大きな欠陥が生じたという認識をもっていました（修 2019, 19 頁）。つまり、戦後の教育をいかに構想するのかという問題は、そのはじめから、国民道義をいかに高揚させるのかという道徳教育の問題と密接に関わることを宿命づけられていたのです。

　前田文相は戦後の新しい教育として、公民教育の振興による国民道義の高揚という構想をもっていました。その実現に向けて、1945 年 11 月には和辻哲郎や宗像誠也、勝田守一らを委員とする公民教育刷新委員会が文部省内に設けられ、翌 12 月 22 日には早くも答申第 1 号を取りまとめ、次のように述べます。

> 道徳ハ元来社会ニ於ケル個人ノ道徳ナルガ故ニ、「修身」ハ公民的知識ト統合シテハジメテ其ノ具体的内容ヲ得、ソノ徳目モ現実社会ニ於テ実践サルベキモノトナル。従ツテ修身ハ「公民」ト一体タルベキモノデアリ、両者ヲ統合シテ「公民」科ガ確立サルベキデアル。

すなわち、それまで道徳教育を担ってきた「修身科」と中等教育段階におい
て実施されてきた「公民科」を統合し、新しい「公民科」を実施することによ
り国民道義の高揚と戦後教育の構築を図っていくことが提案されたのです。ま
たその教育方法についても、従来のような形式主義とならぬよう、実生活の重
視や公民教育の生活化・社会化がくり返し強調されました。ただし、国民学校
初等4年までは新しい公民科を設けないなど、文部省は当初、公民科と修身科
の併用による戦後の道徳教育というものを考えていました。

　ところが、上記のような**公民教育構想**が実現に至ることはありませんでし
た。その主な理由は占領軍による教育政策の管理にあります。上記答申からわ
ずか数日後の12月31日、**GHQ**（連合国軍最高司令官総司令部）は「修身、日本
歴史及ビ地理停止ニ関スル件」を発令し、これらの授業停止とともに教科書と
教師用参考書の回収を命じました。とはいえ、この時点ではGHQも授業を実
施すること自体を問題としてはおらず、教科書の改訂による授業再開を了承し
ていました。実際、あらたな教科書の編集により1946年7月に地理が、10月
に日本歴史が再開されています。

　他方、**CIE**（GHQの民間情報教育局）は教育勅語と関わりの深い修身科を問題
視し、その再編とされる公民科に対しても同様の姿勢を示しました。そこで、
修身科の再開を前提に書き進められていた「国民学校公民教師用書」に対し
て、CIEは修身に代わる教科として公民科を設置するよう勧告し、1946年10
月5日に発行された同書では「修身教育に代つて、これからやつてゆかうとす
る公民科教育」という表現が加筆されました。さらにCIEは公民科ではなく
社会科を設置するよう勧告し、わずか2週間後の10月22日「中等学校・青年
学校公民教師用書」で「道徳教育は公民科をも含む〈社会科〉というやうな学
科の一部分となる」と加筆されました。すなわち、10月5日の時点で修身科
の再開はないことが示され、10月22日には修身科の再編である公民科も認め
ないことが示唆されたのです。実際、1947年3月20日に発行された「学習指
導要領一般編（試案）」では、修身・公民・地理・歴史などの内容が一体として
学ばれなくてはならないとして、それらの教科に代わり社会科の設置が明記さ

れました。そして同月末の教育基本法および学校教育法の成立により新しく社会科が誕生し、公民教育構想は夢に終わりました。

　修身科から公民科へ、そして公民科から社会科へ。たった2週のあいだに生じた2度の転換は、しかし日本の道徳教育のあり方を根本から変えるものでした。修身科はもっぱらたとえ話を用いて徳目を子どもたちに教えるという教授的指導により実施されていました。その形式主義的な指導法の反省にたち、公民科においては、徳目を子どもたちの現実に結びつけるというアリストテレス的な指導法を用いつつも、基本的には教科としての系統性を重視するという**系統主義**的な指導法が構想されていました。他方、社会科は、子どもたちの生活経験に根ざした**経験主義**に立脚する指導法でなければならないと考えられていました。すなわち、「学問の系統によらず、青少年の現実生活の問題を中心として、青少年の社会的経験を広め、また深め」ることにより、子どもたちの能力や態度を養成することが社会科には期待されたのです（「学習指導要領社会科編（Ⅰ）（試案）」）。また、社会科の指導法が経験主義に立脚したものであるため、社会科の学習は学校教育全体を通じて実施されるべき（**全面主義**）と考えられていました。教授的、系統主義的な徳育教科による道徳教育から経験主義的な全面主義の道徳教育へ。戦後の道徳教育は、徳育の役割を明確に担っていた教科が教育課程から姿を消し指導方法も抜本的に変更されるという事態から始まったのです。

第3節　「道徳の時間」の成立

　戦後の道徳教育は社会科をはじめ学校教育全体において行われる全面主義の道徳教育として出発しましたが、早くも1950年には**天野貞祐**文部大臣から、修身科の復活と**教育勅語**に代わる教育要綱制定をめざすとの発言が飛び出します。当時の日本は、警察予備隊創設やレッドパージ（共産主義者の解雇）など、戦後の民主化・非軍事化に逆行する政治情勢（いわゆる「**逆コース**」）のただなかにあり、天野の発言もこの文脈で受容され大きな議論となりました。

しかし、天野の発言は再軍備問題という政治課題に呼応したものではなく、直接的には当時の教育課題に対応したものでした。終戦直後から一向に改善がみられない青少年の非行問題を背景に、生活経験に根ざした戦後の道徳教育ではなく、より直接的に子どもへのしつけを求める多くの国民の声がありました。また、後に「はいまわる経験主義」とも揶揄されるように、経験主義に立脚した社会科が学力低下をもたらしているのではないかという批判も学校内外から出てきていました。すなわち、しつけ問題と学力問題という学校内外で高まる二重の教育批判に応えたのが天野の発言だったのです。

　それでは天野が構想した道徳教育とはいかなるものだったのでしょうか。天野は全面主義的な道徳教育を認めつつも、道徳を知識として教えることも必要であると考えていました。また、社会科が道徳教育としての機能を十分に発揮できないのは、教育勅語のような組織立てられた道徳的基準がないからだとも考えていました。したがって、学校の道徳教育が十分に機能するためには、「教えるべき内容を道徳の知識体系としてあらかじめ作っておき、それに沿って道徳を体系的、系統的に教える」(佟 2019, 185 頁) こと、すなわち系統主義の学習が道徳教育には必要であると考え、従来の修身科に代わる教科の設置とその指針の制定により戦後の道徳教育を確立させようと天野は考えたのです。

　ところが、この構想が実現することはありませんでした。1951 年の**教育課程審議会**答申は、「一部の児童・生徒の間には、著しい道徳の低下が現れていること」を認めながらも、「道徳教育を主体とする教科あるいは科目を設けることは望ましくない」として道徳教育の教科・科目を設置する考え方を否定しました。また、教育要綱についても、天野が文部大臣在任中に京都学派四天王に数えられる高坂正顕、西谷啓治、鈴木成高の 3 人に執筆を委嘱し「**国民実践要領**」という名で策定には踏み切ったものの、強い政治的・イデオロギー的批判にさらされたことでそれが公表されるには至りませんでした。結局、国民実践要領は天野が文部大臣を退任した後、個人名で公表されています。

　天野の構想自体は挫折しましたが、それは同時に 1950 年代の徳育教科設置をめぐる議論の幕開けをもたらしました。天野以降の文部大臣は一貫して道徳

教育の振興と徳育教科の設置を主張し、1952年と1956年には**教育課程審議会**へ諮問をしています。それに対し、教育課程審議会は全面主義の道徳教育を支持する立場から一貫して徳育教科の設置に反対しました。

　この状況を一変させたのが第1次岸改造内閣（1957年7月10日発足）により文部大臣に就任した**松永東**です。就任当初、徳育教科の設置に後ろ向きであった松永も、岸首相をはじめとする自民党内部や文部省事務当局から影響を受け、就任からわずか1ヵ月後の8月5日には「徳育教科を設置し、それを1958年度からでも実施したい」と述べたのです。

　こうしたなか、これまでの審議会とはまったく異なる議論設定をした上で、松永は1957年9月14日に教育課程審議会へ諮問をしました。それまでの審議会では道徳的指導のための時間を設けるか否かも含めて道徳教育の振興について審議されていました。しかし、1957年の審議会では道徳教育の振興に向けて道徳的指導のための時間を設けることを前提に、それを教科にするか否かについて審議を求めるという二者択一の議論枠組みが文部省によりあらかじめ設定されたのです。その結果、審議の過程で「教科」ではなく「一定の時間」として道徳を「特設」する方針が委員全員一致で決まり、1958年3月には全面主義の道徳教育を補充・深化・統合するものとして「道徳教育のための時間を特設する」ことを提案する答申が取りまとめられました。

　この答申を受け、1958年8月に学校教育法施行規則が一部改正され、小中学校において、各教科、特別教育活動、学校行事と並ぶ1つの独立した領域として「**道徳の時間**」が教育課程のなかに位置づけられました。これにより、道徳教育を学校教育全体だけでなく授業においても行うという、戦後日本の道徳教育に関する枠組みが成立したのです。

 ## 第4節　戦後道徳教育に生じた歪み

　道徳教育をめぐる議論はこれまでしばしば政治的なイデオロギー論争のなかで解消され、その歴史も政治的イデオロギーの対立として解釈される傾向にあ

りました。たしかに、公教育が道徳教育にどこまで関わるべきかという問題は政治的イデオロギーと密接に関わりますし、戦後道徳教育の歴史がGHQの占領政策や55年体制下の保革対立構造に左右されてきたことは間違いありません。

　しかし、戦後の道徳教育の枠組みが成立する過程を単に政治的イデオロギーの対立としてとらえることは適切ではないでしょう。むしろ、政治的イデオロギーの対立の様相を呈しつつも、それは実のところ経験主義と系統主義という2つの異なる教育観がせめぎあう過程だったといえるのではないでしょうか。すなわち、修身科という教科を通して道徳を系統的に教える系統主義から学校教育全体を通して道徳を子どもの生活に根ざして教える経験主義への転換が終戦直後にあり、次いで1950年代に経験主義から系統主義への揺り戻しとそれへの抵抗があったことで、戦後の道徳教育の枠組みが成立したということです。

　以上のようにとらえるならば、道徳の時間は当時の状況のなかで特異な位置にあったということもできます。道徳の時間の特設を規定した1958年の「学習指導要領」改訂は、経験主義から系統主義への転換として一般的には特徴づけられます。そのなかにあって、道徳の特設に携わった委員たちは「経験主義学習の道徳教育観に立脚したからこそ徳育教科の設置を否定し、〈道徳〉の特設に賛成した」（佟2019, 193頁）のです。つまり、教育課程が経験主義から系統主義へ転換するなか、経験主義を堅持するからこそ道徳の時間が特設されたのであり、その意味で道徳の時間の特設は系統主義への時流にあらがうものだったのです。

　ところが、このことにより戦後道徳教育にある不穏な歪みが生じます。それは**「知ること」と「行うこと」の分裂**とでも呼べるものです。子どもの生活に根ざして道徳を教えるかぎり、構造的には道徳的価値を知ることとそれに基づいて行動することとのあいだに不一致は生じません。しかし、たとえば「授業では○○と習ったが、実際には…」といったように、授業で知る道徳的価値と日常生活の行動とのあいだには常に不一致が生じる可能性が横たわっています。しかもそれは道徳の時間を空虚なものにし（「先生がいってほしそうなことをいっておけばよい」など）、道徳教育全体の機能不全を引き起こしかねません。道徳

の時間が特設されて以降、戦後道徳教育の歴史はこの不穏な歪みを解消すること、すなわち「知ること」と「行うこと」の接続を模索する歴史として整理することができるでしょう。

1968年の「小学校学習指導要領」改訂では、①社会科がそれまで有していた道徳教育との特別な関係についての記述が消え（社会科と他教科が道徳教育との関係で同列になる）、②道徳の時間の目標に関して、それまで内容項目ごとに限定されていた「道徳的心情、道徳的判断」と「道徳的態度と実践的意欲」という２つの目標が、「児童の道徳的判断力を高め、道徳的心情を豊かにし、道徳的態度と実践意欲の向上を図る」という文言で、全内容項目に通じる１つの目標にまとめられています。これは、道徳的価値を知る授業を道徳の時間に一本化し、道徳的価値を「知ること」を通して道徳的判断力と心情を育み、道徳的態度と実践意欲を高めることで日常生活での「行う」ことにつなげていくという「知ること」と「行うこと」との関係づけとしてとらえることができます。

それに続く1977年の「小学校学習指導要領」改訂では、道徳の時間において道徳的判断力・道徳的心情・道徳的態度と実践意欲を育むことにより「**道徳的実践力**」を育成することが目標として掲げられました。当時の「小学校指導書道徳編」（文部省1978）によれば、道徳的実践力は「ひとりひとりの児童が道徳的諸価値を自分の自覚として主体的に把握し、将来出会うであろうさまざまな場面、状況においても、価値を実現するための最も適切な行為を選択し実践することが可能となる内面的資質を意味しており、道徳的判断力、心情、態度と意欲を包括するもの」として定義されています。すなわち、子どもが日常生活において道徳的実践を行えるようにする内面的な力が道徳的実践力とされ、それによって「知ること」と「行うこと」の接続が試みられているのです。

しかし、道徳的実践力という概念を用いたからといって構造的に存在する「知ること」と「行うこと」の分裂がなくなるわけではありません。他方、1980年代頃から非行や校内暴力・受験競争の過熱化など「**教育荒廃**」といわれる現象が社会問題化し、「戦後政治の総決算」を掲げる中曽根康弘首相のもと**臨時教育審議会**が「徳育の充実」を求める答申を取りまとめました。その結

果、1989年の「学習指導要領」改訂では道徳教育に関して大きな変化が加えられ、これまでとは違った形で「知ること」と「行うこと」を再度接続することが試みられました。

　たとえば、総則において「道徳教育を進めるに当たっては、…豊かな体験を通して児童の内面に根ざした道徳性の育成が図られるよう配慮しなければならない」（文部省1989）と加筆され、「行うこと」から「知ること」へのつながりを意識した道徳教育が求められるようになりました。また、それまで羅列的に記載されてきた道徳の時間の内容項目が「自分自身」「他の人とのかかわり」「自然や崇高なものとのかかわり」「集団や社会とのかかわり」という、自己を中心とした他者・自然・社会の同心円的広がりとして整理されました。これは「かかわり」という「行うこと」の側面から「知ること」の内容を整理する試みといえます。

　さらに、関心・意欲・態度を重視する新学力観が1989年の「学習指導要領」から採用されたこととも関連し、「児童の道徳的心情を豊かにし、道徳的判断力を高め、道徳的実践意欲と態度の向上を図る」という語順変更が道徳の時間の目標に加えられました。これ以降、2002年の**「心のノート」**の配付に象徴されるように、**「心情主義道徳教育」**と呼ばれる道徳的心情に重きを置いた道徳教育が長きにわたり多くの学校で実施されるようになります。しかしこの心情主義道徳教育について、心情的な効果によって「知ること」と「行うこと」の不一致が一時的には回復するかもしれないが、それだけでは十分でないと指摘されています（松下2017）。つまり、意欲を高めたり意思を鍛えたりすることで授業中に学んだ内容を日常生活に活かそうと一時的には思うかもしれないが、しだいに意欲や意思が弱まってくると再び「知ること」と「行うこと」の分裂が生じるというわけです。

　道徳の時間をめぐる戦後道徳教育の歴史が「知ること」と「行うこと」の接続を模索する歴史であったならば、道徳の教科化もまた「知ること」と「行うこと」の接続を模索するもう1つの試みであるといえるでしょう。道徳が教科化するにあたり求められたのは、答えが1つではない道徳的な課題を一人ひと

りの子どもが自分自身の問題としてとらえ向きあう、「**考え、議論する道徳**」への質的な転換でした。これは「行うこと」を「知ること」のなかに解消することでそれらの接続を図る試みにほかならないでしょう。

　道徳の教科化により、道徳教育における「知ること」と「行うこと」の分離が無事になくなるのかどうかはまだわかりません。それは今後の教師たちによる日々の実践の積み重ねにかかっています。現時点でいえることは、戦後道徳教育の枠組みが成立する上で生まれた歪みが、今なお解消されず道徳教育の根本的課題であり続けているということなのです。

 ## 第5節　実践に向けて──「考え、議論する道徳」のゆくえ

　最後に、初等中等教育における道徳教育の核となる教科の設定が、戦後道徳教育においていかなる意味をもつのかについて明らかにしてみましょう。

　経験主義と系統主義という2つの異なる教育観がせめぎあうなか、経験主義を堅持することによって、道徳の授業は教科ではなく時間として特設されました。したがってその授業を教科として設定するということは、経験主義の道徳教育という戦後の道徳教育のあり方をあらためて問い直すものといえます。

　はじめの問いを思い出してください。時代や文化の違いを超えたたしかな道徳というものの存在を前提とした教科としての道徳の授業を、どのようにイメージしましたか。時代や文化の違いを超えて存在するたしかな道徳なるものを正解と位置づけ、他教科と同様に正解に導く授業といったものをイメージした人も多いのではないでしょうか。実際、系統主義の立場から徳育教科の設置を求めてきた天野らはそうした授業のイメージをもっていましたし、そうした授業のイメージをもっている人が今もいるからこそ高等学校において「公共」という科目が道徳教育の「中核的な指導の場面」として位置づけられたのです。

　しかし、系統主義の立場から道徳科を実施するならば、「知ること」と「行うこと」は今まで以上に分裂してしまうと考えられます。というのも、「考え、議論する」ことを系統主義の立場から求める場合、その目的は子どもたち

の考えや議論を一定の道徳的価値に収斂させることにあるといえるからです。他方、本書の１章や２章で論じられたように、子どもたちの日常生活では道徳の原理や価値のいくつもが複雑に絡みあって成立し、時にはそれらが不調和なまま子どもたちの日常生活のなかに位置づいていることさえあります。子どもたちが、「知ること」において自分の考えや議論を一定の道徳的価値に収斂させることを求められ、「行うこと」において一定の道徳的価値に収斂することのない事態に直面する時、道徳教育における「知ること」と「行うこと」は決定的に分裂し、もはや接続不可能なまでに乖離していくことになるでしょう。

　その一方で、経験主義の立場から道徳科を実施するとはどういうことでしょうか。戦後直後の社会科のごとく、再び「はいまわる経験主義」と揶揄され、道徳教育の見直しを迫られることになるのでしょうか。とはいえ、系統主義の道徳科が悲劇的な結末に終わることは先述した通りです。であるならば、経験主義の立場から道徳科を創造的に実践していくしかないように思われます。

　戦後道徳教育に生じた歪みが決定的となるのか、それとも解消されるのか。経験主義と系統主義のあいだで、私たちは再度選択を迫られているのです。

（國崎　大恩）

演 習 問 題

　1998 年の学習指導要領改訂において、道徳教育における「知ること」と「行うこと」の接続がどのように試みられているといえるでしょうか。

【引 用 文 献】

佟占新（2019）『戦後日本の道徳教育の成立──修身科の廃止から「道徳」の特設まで』六花出版.
貝塚茂樹（2020）『戦後日本と道徳教育──教科化・教育勅語・愛国心』ミネルヴァ書房.
文部省（1978）「小学校指導書　道徳編」.
文部省（1989）「小学校学習指導要領（平成元年３月）」.
松下良平（2017）『知ることの力──心情主義の道徳教育を超えて　オンデマンド版』勁草書房.

6 教師は「家族愛」を教えることができるか？

「家族による子育てと学校教育との関係」について

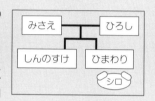

まずは、右の家系図を見てください。多くの方が国民的漫画・アニメ『クレヨンしんちゃん』一家の姿を思い浮かべたのではないでしょうか。この作品では、主人公しんのすけを起点にすると、みずからの父母と妹、そして犬と同居する仲睦まじい一家の日常生活が描かれています。みなさんのなかには、クレヨンしんちゃん一家を「普通の家族」あるいは「理想的な家族」ととらえる人が多いかもしれません。

道徳科では、父母や祖父母を敬愛し、家族の一員として家庭のために役立つことに関する内容項目として「家族愛、家庭生活の充実」があります。はじめに、教師は道徳の授業を通して、どのような「家族愛、家庭生活の充実」の姿を児童生徒に伝えることができるか考えて書き込み欄に記してみてください。その内容は、たとえば、クレヨンしんちゃん一家的な仲睦まじい家族像でしょうか。あるいは、それとは別の家族像でしょうか。

【自分の考え】

【そのように考えた理由】

学校教育と家庭教育

1.「学習指導要領」における「家族愛、家庭生活の充実」

　道徳科においては、視点Ｃ「主として集団や社会との関わりに関すること」
の１項目として「家族愛、家庭生活の充実」が位置づけられています。まず
は、「小学校学習指導要領（平成29年告示）解説特別の教科　道徳編」（以下、指
導要領解説）において、家族・家庭の姿がどのように記述されているかを確認
してみましょう。

> 児童が生を受けて初めて所属する社会は家庭である。家庭は、児童にとって生
> 活の場であり、団らんの場である。児童は家庭で家族との関わりを通して愛情
> をもって保護され、育てられており、最も心を安らげる場である。そうした意
> 味からも、児童の人格形成の基盤はその家庭にあると言ってよい（文部科学省
> 2017, 56頁；傍点筆者）。

　父母や兄弟姉妹、祖父母等との「団らんの場」であることや、「最も心を安
らげる」安心安全の場であることなど、みなさんがイメージする家庭の姿と一
致する点が多いのではないでしょうか。たしかに、児童生徒はこのような家庭
のなかで「家族愛」を育むことを通して、適切に「人格形成」がなされ、ひい
ては学校という社会においても適応できるようになるのかもしれません。

　それでは、以上のような家庭の姿をもとにした「家族愛、家庭生活の充実」
を、教師はどのように指導するべきなのでしょうか。ここでは、小学校第３学
年および第４学年の指導の要点を確認してみましょう。

> 家庭生活において自分の行動が具体的に家族の役に立っていることを実感した
> り、家族に喜ばれ感謝されるという経験を積み重ねたりすることができるよう
> にすることが必要である。（中略）家庭との連携を図りながら、家族みんなで協
> 力し合って楽しい家庭をつくろうとする態度を育てるよう指導することが大切
> である（文部科学省 2017, 57頁；傍点筆者）。

　指導要領解説は、児童生徒が道徳の授業を通して培う経験として、「家族の
役に立っていること」、「家族に喜ばれ感謝される」ことをあげています。そし

て、学校での授業にとどまらず、さらに「家庭との連携」を図ることが指導の
ポイントであることが明記されています。では、家庭との連携を通した「家族
愛、家庭生活の充実」の指導として、どのような指導のあり方が考えられるで
しょうか。たとえば、児童生徒に家庭の役に立つことができる手伝いを考えさ
せ、実際に家庭生活で実践させることによって、家族の一員として役に立った
喜びを授業内で共有することが考えられるでしょう。また、道徳科の教材に
は、主人公が家庭への不満やわがままから家族に迷惑をかけてしまうものもあ
りますが、そのような教材を通して、みずからの態度が家庭の雰囲気に影響を
与えてしまうことを、反省的に考えることもできるかもしれません。

2. 教育基本法における「家庭教育」

　前項では、道徳科における「家族愛、家庭生活の充実」の位置づけを確認し
ました。教師は、家庭内で保護者によって行われている**家庭教育**と連携をしな
がら指導を展開していきます。では、そもそも、学校教育と家庭教育はどのよ
うな関係にあるのでしょうか。ここでは、教育の憲法ともいわれる教育基本法
における、ある条文を参照してみましょう。

> 第 10 条　家庭教育
> 1. 父母その他の保護者は、子の教育について第一義的責任を有するものであっ
>   て、生活のために必要な習慣を身に付けさせるとともに、自立心を育成し、
>   心身の調和のとれた発達を図るよう努めるものとする。
> 2. 国及び地方公共団体は、家庭教育の自主性を尊重しつつ、保護者に対する学
>   習の機会及び情報の提供その他の家庭教育を支援するために必要な施策を講
>   ずるよう努めなければならない。(傍点筆者)

　この第 10 条は、2006 年の教育基本法改正において追加された新しい条文で
す。1 項では、子どもに対して、その保護者が「第一義的責任」を担いつつ教
育をすべきであることが規定されました。「第一義」という文言からは、学校
教師よりも保護者の方が教育の責任主体として上位に位置づけられているとも
解釈できそうです。そもそも、日本国憲法第 26 条 2 項では国民に対し「その

保護する子女に普通教育を受けさせる義務」が規定されていますが、さらに教育基本法によって家庭での教育の重要性が明確に示されたといえるでしょう。たしかに、近年社会問題となっている児童虐待のように家庭で不適切な養育を受ける子どもが存在することを考慮すると、保護者の教育責任を明確に規定することの意義はあるでしょう。

　そして、教育基本法第10条2項においては家庭が第一義的に子どもの教育に携わることができるように、国や地方公共団体が家庭教育を支援する義務が規定されています。もちろん、「家庭教育の自主性を尊重しつつ」と定められていることから、国や地方公共団体は保護者の子育て観を阻害し、子育てはかくあるべきという価値観や道徳観を押しつけるような施策を取ることはできません。よって、その責務は努力義務にとどまります。

　一方で、この家庭教育条項の新設にあたっては、主に教育社会学領域からさまざまな批判がなされています。たとえば木村涼子は、保護者に対して教育の第一義的責任を課す教育基本法第10条と、ファシズム期の日本において文部省から出された訓令「家庭教育振興ニ関スル件」（1930年）との類似性を指摘することで、教育基本法で定められた家庭教育条項は「家庭教育への介入」（木村2017, 44頁）になりかねないと指摘します。「家庭教育振興ニ関スル件」とは、各家庭で行われる子育てを戦争遂行という国家方針に沿うように方向づける目的で出されたものですが、たしかに、同訓令における「家庭教育ハ固ヨリ父母共ニ其ノ責ニ任スヘキモノナリ」（家庭教育の責任は父母にある）という文言などは、教育基本法第10条1項と類似しています。国家が家庭教育に介入し、あるべき家庭の姿を保護者やその子に押しつけないためには、教師自身が「家庭教育の自主性を尊重」して教育実践を展開することが重要な課題となるでしょう。

　以上のような教育基本法第10条に対する批判をふまえると、「学習指導要領」で規定されているような「家族の役に立っていること」、「家族に喜ばれ感謝される」ことを、教師は一律に児童生徒に教えることができるのか、あるいは教えるべきなのかという疑問が生じることでしょう。そこで次節では、現代

社会における家族・家庭の姿を概観することで、教師がどのように「家庭教育の自主性を尊重」することができるかを考えましょう。

 第2節 道徳科で想定される家族・家庭とは何か

1. 脱・近代家族としての現代家族

　まずは、一般的といえる「普通の家族」の姿を考えるために、本章冒頭で示した『クレヨンしんちゃん』を例として取り上げてみましょう。しんちゃん一家は、両親と2人の子どもが同居する典型的な核家族です。みなさんが想像する普通の家族の姿であるかもしれません。それでは、しんちゃん一家のような国民的アニメの家族像は、日本において一般的でもっともありふれた家族の姿なのでしょうか。国立社会保障・人口問題研究所が2021年に実施した調査によれば、子どもをあらたに家族の一員として迎えることがほぼ完了したとされる結婚持続期間15年〜19年の夫婦のうち、子ども2人の夫婦の割合は50.8%（国立社会保障・人口問題研究所 2023, 56頁）ともっとも多くなっています。このような統計データからは今日、両親と子ども2人が同居する家族構成がもっとも一般的といえる「普通の家族」の姿であることがわかります。

　一方で、私たちにとって「普通」と思える家族像は普遍的なものではなく、近代以降の社会に出現したにすぎないという家族認識の歴史性が家族社会学領域を中心に指摘されています。いい換えれば、クレヨンしんちゃん一家のような家族像を普通であると認識する現在における私たちの意識は、近代以降に構築されたというのです。このような近代社会に出現した家族の典型的な形態を**近代家族**と呼びます。落合恵美子は、近代家族の特徴として、①家内領域と公共領域との分離、②家族構成員間の強い情緒的絆、③子ども中心主義、④男は公共領域、女は家内領域という性別分業、⑤家族の集団性の強化、⑥社交の衰退とプライバシーの成立、⑦非親族の排除、⑧核家族をあげています（落合1989）。すなわち、近代を象徴する産業革命に始まる工業化は、工場など家庭の外で労働をする場を創出しました（①）。このような工業化の進展に伴い、

農村から都市部への人口流出が生じることによって「夫婦とその子ども」から成る核家族が増加し（⑧）、家庭の外で働く男性と、家事や育児に専念する女性という性別役割分業（④）が成立することになります。そこで子どもは愛情の対象（③）となり、家族で協力しあって支えあうこと（②）が家族の重要な役割となったのです。

　以上のような近代家族の各要素は、「学習指導要領」で規定されている「家族愛、家庭生活の充実」の姿と重なるのではないでしょうか。いい換えれば、前節で確認したような「家族の役に立っていること」、「家族に喜ばれ感謝される」という道徳科の目標は、近代という時代の産物であるということもできます。このように考えるならば、道徳科で「家族愛、家庭生活の充実」の姿を伝えることの難しさも浮き彫りになります。第1に、三世代世帯が減少し、核家族が主流になっている現代においては、とくに「祖父母を敬愛」するという道徳科の目標を達成することが困難になるといえるでしょう。地域によっては、祖父母と顔を合わせることが年に数回しかないという児童生徒が多くいます。だとすれば、「自分があることは祖父母があるからである」ということを伝えるにしても教師の工夫が必要になるでしょう。第2に、現代においては、そもそも近代家族の姿すらも変質していることを考えなければなりません。たとえば、現代において近代家族の特徴としてあげられるような、家事・育児に専念する女性＝専業主婦は一般的ではなくなりつつあります。総務省「労働力調査」によれば、1980年代以前は専業主婦世帯が主流であったのに対して、2000年代には共働き世帯が逆転し、2021年時点では、共働き世帯が68.8％（総務省 2022）となっています。

　共働き世帯が増加するに伴って、道徳科の授業では、近代家族を支えていた「母性愛神話」（バダンテール 1980=1991）をもとに家族愛を伝えることは困難になると考えられます。したがって、教師は、社会状況の変化を考慮に入れながら、どのような家族を想定して「家族愛、家庭生活の充実」の姿を児童生徒に伝えようとするのかを慎重に考える必要があるといえるでしょう。

2. 多様な家族・家庭の姿

　前項では、近代家族論を参照しながら、「普通の家族とは何か」という問い について考えました。そこでは近代家族がもはや一般的ではないということが 明らかになりました。そうした時代の変化を反映して、指導要領解説でも、 「多様な家族構成や家庭状況があることを踏まえ、十分な配慮を欠かさないよ うにすることが重要である」（文部科学省 2017, 56-57 頁）という記述があります。 それでは、「多様な家族構成や家庭状況」とは、どのようなものなのでしょう か。

　ひとつには、先述したように近代家族が変容していくなかで、同居する家族 の構成が多様化することが考えられます。たとえば、父母のいずれか一方と子 どものみで構成される「**ひとり親世帯**」をあげることができるでしょう。厚生 労働省が実施した全国ひとり親世帯等調査によると、2022 年現在で、ひとり 親世帯の数は約 134.4 万世帯（母子世帯 119.5 万世帯、父子世帯 14.9 万世帯）となっ ており、全子育て世帯のおよそ 15％を占めています（厚生労働省 2022）。ひとり 親世帯となった理由は、両親の離婚や死別、未婚での出産などさまざまです が、父母の両者がそろって子育てをすることを前提とする近代家族とは異なる 家族の姿であるといえます。また、たとえ父母がそろう「ふたり親世帯」であ っても、血縁関係のない親子で構成される「**ステップファミリー**」のような家 族の姿もあります。ステップファミリーとは、子どもと一緒に再婚する、いわ ゆる子連れ再婚家庭のことです。ステップファミリー家庭で育つ子どもは、親 にあらたなパートナーができたことへの葛藤や、家庭生活の大きな変化による 困惑など、あらたな家族のまとまりを形成することに困難をかかえがちである ことが指摘されています（野沢・菊池 2021）。

　以上にあげたひとり親世帯やステップファミリーは、「多様な家族構成や家 庭状況」の一例にすぎません。ほかにも外国籍の両親と子どもで構成される家 族や、同性カップルで営まれる家族、親や兄弟、祖父母などの世話や介護・看 護を担う、ヤングケアラーの状況にある子どものいる家族など、多様な家族の 姿には枚挙にいとまがありません。また、近年では「特定の信仰・信念をもつ

親・家族とその宗教的集団への帰属のもとで、その教えの影響を受けて育った子ども世代」である「宗教二世」に関しても議論され始めています（塚田・鈴木・藤倉2023）。このような多様な家族の姿に鑑みると、児童生徒が普段生活をする家庭の姿は実に多様であるために、教師が彼らに対して「家族愛、家庭生活の充実」の姿を一律に伝えることは非常に困難であるといえます。それに加えて、道徳科の教科書に登場する家族像を眺めてみると、両親ともにそろった典型的な近代家族像が描かれることが多いことがわかります。そのため、教師は教科書で描かれる家族像を理想として児童生徒に提示するのではなく、「家族愛、家庭生活の充実」のあり方もまた多様であることを伝える必要があるでしょう。

　また、児童生徒のなかには、さまざまな事情から家庭以外の場で生活する子どももいます。たとえば、施設や里親といった**社会的養護**のもとで暮らす子どもたちです。社会的養護とは、保護者のない児童や、保護者に監護させることが適当でない児童を、公的責任で社会的に養育し、保護するとともに、養育に困難を抱える家庭への支援を行うことを指します。2023年現在、社会的養護のもとで生活をしている子どもたちは全国に約4万5,000人います。そのうち約8割が児童養護施設等の施設で暮らし、約2割が養育里親などの家庭養護のもとで暮らしています。子どもたちが社会的養護のもとで生活をすることになる要因としては、児童虐待や死別、経済的理由など、家庭で生じるさまざまな問題をあげることができます。とくに近年、児童相談所に寄せられる児童虐待相談対応件数が20万件を超えるなど、家庭において保護者から不適切な養育（マルトリートメント）を受ける子どもの存在が可視化されつつあります。そうした事情を考慮すると、道徳科の授業で「家族愛、家庭生活の充実」に関する項目を扱う際には、そもそも家族と暮らすことが叶わない子どもや、保護者からの不適切な養育を受ける子どもに対して十分な配慮が必要であるといえるでしょう。

　もちろん、施設で暮らす子どもたちが家庭的な経験をまったくしていないというわけではありません。2017年8月に厚生労働省の「新たな社会的養育の

在り方に関する検討会」が公表した「新しい社会的養育ビジョン」では、施設が家庭と同様の養育環境を入所児童へ提供することを原則とするとされ、そのために施設養育を小規模化・地域分散化・高機能化する必要性が示されました。それを受け、従来は、1つの家屋に20人以上の児童が暮らす大舎制で運営されることの多かった児童養護施設は、地域の住宅を利用して6人以下の児童と施設職員とが生活をする地域小規模児童養護施設や、本体施設とは離れた地域の民間住宅等を活用して養育を行う分園型グループケアへと移り変わっていく傾向にあります。こうした変化を考慮すると、施設で暮らす子どもたちも、可能なかぎり家庭的な生活に近い環境のなかで、施設職員と家族的な「愛着関係」（ボウルヴィ 1951=1967）を築きながら生活を送っているといえます。

　社会的養護は厚生労働省が管轄する福祉領域であるため、管轄が異なる学校教育との連携が困難になるという指摘（高田 2024）もありますが、学級に社会的養護のもとで暮らす児童生徒がいる場合は、学校教員と施設職員や里親との協働が不可欠となるでしょう。

 ## 第3節　実践に向けて——家族・家庭経験の相対化

　あらためて、本章冒頭でみなさんが書き込んだ内容を読み返してみてください。みなさんは、どのような構成の家族・家庭がどのように家族愛を築き、家庭生活を充実させようとしている姿を描いていましたか。もしかすると、そこで描かれた「家族愛、家庭生活の充実」の姿は、あなた自身がこれまで経験してきた家庭教育の姿であるのかもしれません。あるいは、これまで自分が受けてきた家庭教育に違和感を抱いている人であれば、自分の経験とは逆の姿を記述していたかもしれません。いずれにしても、望ましい「家族愛、家庭生活の充実」を想像する際に自分自身の家庭での経験を参照しがちであることを自覚しておくことが重要です。とりわけ初等・中等教育段階の教師は、原則として教職課程を修めることができる大学（短期大学をも含む）を卒業することが必要なため、教職に就く人の出身階層は比較的高いということができます（松岡

2019)。いい換えれば、**社会経済的背景**（SES：Socioeconomic Status）に恵まれた家庭環境で育った経験をもつ教師が多いと考えられるのです（もちろん、これは社会全体の傾向であり、そうではない教師も存在します）。そのため、教師が「家族愛、家庭生活の充実」を想定する際に、一般的な傾向としてバイアス（偏り）が生じる可能性があることを指摘することができます。

　最後に、このようなバイアスがあることをふまえて、教師が道徳科で家族を扱う授業を構想する上で必要なことを考えましょう。第1に、家族・家庭のあり方は多様であることを認め、児童生徒の家庭におけるさまざまな経験を理解しようとすることが必要となります。本章で示したように、私たちが「家族愛、家庭生活の充実」として一般的にイメージする近代家族像は、社会動向に伴って多様に変化しています。今後は、「両親と子ども2人」という従来の標準世帯はますます現実の家族・家庭の姿から乖離していくでしょう。実際に教室には、ひとり親世帯やステップファミリー、社会的養護のもとで生活をする児童生徒が少なからず存在しています。教師は、児童生徒の多様な家庭背景を理解するとともに、彼ら自身がそれぞれ「家族愛、家庭生活の充実」をどのようなものとしてイメージしているのかを理解する必要があるといえます。

　第2に、教師は自身が有する「家族愛、家庭生活の充実」に対する考えと児童生徒のそれとが異なる場合に、自身の家族・家庭観を押しつけないよう心がける必要があります。それは、たとえ教師の善意であったとしても、児童生徒の多様な家族経験を、ひいては児童生徒自身を否定してしまうことにつながりかねないからです。たとえば、父母による虐待の経験から児童養護施設で生活をする子どもに対して、「家族の役に立っていること」、「家族に喜ばれ感謝される」という道徳科の目標を伝えることが、かえって当該の子どもを傷つけてしまうこともあるでしょう。広田照幸や本田由紀は、近年、「家庭の教育力の低下」や「家庭におけるしつけの衰退」といった言説をもとに家庭教育を重視する傾向が、意図せざる結果として家族バッシングへとつながってしまう危険性を指摘しています（広田1999, 本田2008）。道徳科の授業を構想する際も、児童生徒の多様な家族・家庭経験を尊重し、過剰な家庭介入につながらないよう慎

重に考慮する必要があるでしょう。

（高田　俊輔）

演 習 問 題

(1) 本章の内容をふまえて、教師が道徳科で「家族愛、家庭生活の充実」を扱う際には、どのような準備や配慮が必要かを考えましょう。

(2) 公立学校と比較して SES（社会経済的背景）に恵まれた階層の児童生徒が集うと考えられる私立小学校・中学校において、「家族愛、家庭生活の充実」を授業で扱う上で、教師はどのような授業を構想すべきか考えてみましょう。

【引 用 文 献】

バダンテール，E. (1991) 鈴木晶訳『母性という神話』筑摩書房.

ボウルビィ，J. (1967) 黒田実郎訳『乳幼児の精神衛生』岩崎学術出版社.

広田照幸 (1999)『日本人のしつけは衰退したか――「教育する家族」のゆくえ』講談社.

本田由紀 (2008)『「家庭教育」の隘路――子育てに強迫される母親たち』勁草書房.

木村涼子 (2017)『家庭教育は誰のもの？――家庭教育支援法はなぜ問題か』岩波書店.

国立社会保障・人口問題研究所 (2023)「現代日本の結婚と出産――第16回出生動向基本調査（独身調査ならびに夫婦調査）報告書」.

厚生労働省 (2022)「令和3年度全国ひとり親世帯等調査結果報告（令和3年11月1日現在)」.

松岡亮二 (2019)『教育格差――階層・地域・学歴』筑摩書房.

文部科学省 (2017)『小学校学習指導要領（平成29年告示）解説 特別の教科 道徳編』.

野沢慎司・菊地真理 (2021)『ステップファミリー――子どもから見た離婚・再婚』KADOKAWA.

落合恵美子 (1989)『近代家族とフェミニズム』勁草書房.

総務省 (2022)「労働力調査（詳細集計)」.

高田俊輔 (2024)『教育による包摂／排除に抗する児童福祉の理念――児童自立支援施設の就学義務化から』春風社.

塚田穂高・鈴木エイト・藤倉善郎編著 (2023)『だから知ってほしい「宗教2世」問題』筑摩書房.

学習塾の受験勉強は道徳的学びに貢献しうるか？

「学校外教育と学校教育の関係」について

学校は児童生徒の人格形成や社会化などの重要な役割を果たしています。それに対して、学習塾には、受験勉強や学校でわからなかった内容の補習などの目的・役割があり、その目的・役割は学校より狭いと理解されています。しかし、学習塾の目的や役割をそれほど狭く理解してもよいのでしょうか。まず、学習塾が実際に児童生徒に対してどのような役割を果たしているか、具体的に考えてみてください。そして、それらの役割のうち道徳に関係するものを選び出し、以下の空欄にあなたがそう考えた理由とともに書き込んでください。

【自分の考え】

【そのように考えた理由】

第1節　自立への契機としての矛盾・ジレンマ

　「中学校学習指導要領（平成 29 年告示）解説特別の教科　道徳編」（以下「解説」とする）は、道徳科の目標を「主体的な判断に基づいて道徳的実践を行い、自立した人間として他者と共によりよく生きるための基盤となる道徳性を養うこと」として定義し、そのための基盤として「道徳的価値の意義及びその大切さの理解」（文部科学省 2017b, 14 頁）を促すという役割を学校教育に与えています。

　しかし、中学生ともなれば、道徳的に「よい」とされることが場面に応じて異なることに気づいているでしょうし、みずから相矛盾する価値観をもっていることもあるでしょう。そのため、学校教育は、道徳的価値のあいだの矛盾や道徳的なジレンマを通して、道徳的価値をより深く考え、理解する機会としても位置づけられています。こういった矛盾やジレンマに直面することは、たしかに生徒が「自立した人間」へと成長する上で重要な経験となるでしょう。そこでこの章では、児童生徒がこうした矛盾やジレンマに直面するきっかけの 1 つとして受験勉強と通塾に関わる経験を取り上げます。

1. 成長・発達に伴う矛盾・ジレンマ

　「中学校学習指導要領（平成 29 年告示）」（以下「学習指導要領」とする）は、道徳科の**視点 C**「主として集団や社会との関わりに関すること」として、「学級や学校の一員としての自覚をもち、協力し合ってよりよい校風をつくるとともに、様々な集団の意義や集団の中での自分の役割と責任を自覚して集団生活の充実に努めること」（文部科学省 2017a, 155 頁）という道徳的価値をあげています。たしかに、生徒が学校・学級で過ごす時間は非常に長いため、その一員としてのアイデンティティを形成することは重要です。また、ほかのさまざまな集団（地域社会や国家など）の一員としてのアイデンティティの形成に果たす学校教育の役割も大きいと考えられます。

　しかし、学年が上がるにつれ、生徒は徐々に学校・学級の一員としての社会化の段階を脱し、自身の進路を考えなければならなくなります。生徒のほとん

どが高校に進学する今日（2020 年度時点で98.8%（通信制を含む）：文部科学省 2021）、生徒の多くは自分自身の進路のことを考えて受験勉強に取り組んでいます。「学習指導要領」は、道徳科の**視点 A**「**主として自分自身に関すること**」として、「より高い目標を設定し、その達成を目指し、希望と勇気をもち、困難や失敗を乗り越えて着実にやり遂げること」（上掲書, 154 頁）という道徳的価値をあげていますが、受験勉強もそうした道徳的価値を養う重要な機会の 1 つと見なすことができるでしょう。まずはここに、集団の一員であることと自分自身であることのどちらを選ぶのかという 1 つの矛盾・ジレンマが生じる可能性があります。それは、生徒の成長・発達に必然的に伴うジレンマといえるでしょう。

2. 教育制度の構造に由来する矛盾・ジレンマ

さらに今日では、多くの生徒が受験勉強のために学習塾に通っています（2023 年度の全国学力調査・学習状況調査のデータでは、中学 3 年生の 60%が通塾：国立教育政策研究所 2023）。ここで注意しなければならないのは、学習塾に通うということが、自分自身の進路を拓くということだけでなく、教育産業が提供する教育サービスという商品を選択し購入することをも意味するということです。このことは学校教育にも良かれ悪しかれ影響を及ぼすでしょう。また、それが生徒の価値観にさらなる矛盾・ジレンマをもたらす可能性もあるでしょう。たとえば学習塾で教わる内容が学校教育より高度な場合、学校の授業を軽視したり、受験競争への集中のため入試に直結しないと判断した学校での活動の重要性を疑ったりすることで、学校の一員としての自覚が希薄になることが考えられます。ここではそれを、教育制度の構造に由来する矛盾・ジレンマと呼ぶことにします。

ところで、日本の学習塾は、高校進学率が 9 割を超えた 1970 年代に生まれました。その後長いあいだ、学習塾はたとえば受験競争を過熱させる教育産業として批判を浴びる形で世間から注目されてきました。しかし、学習塾はその後も発展を続け、1990 年代になると、教育行政の側も学習塾に対する態度を変えていきます。1999 年にはついに文部科学省も生涯学習審議会で学習塾がもつ進学機能と補習機能に言及し、一方で受験競争を過度にあおるような受験

勉強のあり方を批判しつつも、他方では児童生徒の教育においてこうした機能を果たしている学習塾の存在意義を強調するに至ります（Roesgaard 2006）。このことは、国家が、学校教育と学習塾の教育サービスが並び立つ**教育の二重構造**を日本の教育制度の特徴として容認したということを意味します。国家がこのような教育の二重構造を認めているのですから、進路選択に際して児童生徒がこの種の矛盾・ジレンマに陥るのも当然といえるでしょう。

 ## 第2節　世界と日本の学習塾

1. 学習塾をめぐる世界の動向──学校教育の普及を補う学習塾

　国家による学習塾の容認は、市場原理が教育の世界に導入されることをも意味します。今日、教育の市場化は世界的なトレンドであるといえますが、市場原理主義（過度な市場化）は学校教育の存立を揺るがす危険性も備えています。参考までに、教育産業をめぐる世界的動向を見ておきましょう。

　とくに、就学率の向上を課題とする発展途上国では、教育の市場化が積極的に推進され、そのことが学校教育に大きな影響を及ぼしてきました。1990年にタイのジョムティエンで開かれた「**万人のための教育世界会議**」では、すべての人に基礎教育を提供することが目標として定められ、さらに2000年にセネガルのダカールで開かれた「**世界教育フォーラム**」では、「無償で良質な初等教育を全ての子どもに保障」することが目標の1つとして掲げられました（外務省 2020）。ユネスコ（2015）によると、発展途上国では多くの子どもに教育機会が開かれ初等教育の就学率が伸びましたが、就学率の向上に対して市場が果たした役割は大きかったようです。たとえば、1999年から2012年のあいだ、アラブ諸国や中東欧やサブサハラ・アフリカ諸国では民間の初等教育機関への就学率が倍増しています。ユネスコなどの国際機関は子どもの将来に対する学校教育の重要性を唱え、その拡大を目標として掲げてきました。そしてこれらの国々でも教育への需要が高まり、学校教育の拡大政策が実施されました。

　しかし、学校教育施設の整備はその需要の高まりに追いつかず、民間のプロ

バイダーが学校教育の拡大政策に参入することになりました（UNESCO 2015, 93頁）。その結果、とくに発展途上国では、当初掲げられた目標のうち「無償で」という部分が後退し、学校教育の就学率を向上させるために非営利団体や国際ドナーや民間セクターなどの非政府団体から資金が調達されました。民間セクターについては、いわゆる**パブリック・プライベート・パートナシップ（公民連携）**が通常となり、それを通して学校教育の費用を賄おうとする取り組みが数多くなされました。

　このような教育の市場化自体は、一見すると1948年に国連総会が採択した「**世界人権宣言**」の第26条に掲げられた教育に関わる人権に矛盾しているようにも思えますが、実はそうともいい切れません。

> 1. すべて人は、教育を受ける権利を有する。教育は、少なくとも初等の及び基礎的な段階においては、無償でなければならない。初等教育は、義務的でなければならない。技術教育及び職業教育は、一般に利用できるものでなければならず、また、高等教育は、能力に応じ、すべての者にひとしく開放されていなければならない。
>
> （中略）
>
> 3. 親は、子に与える教育の種類を選択する優先的権利を有する。
>
> （国際連合・世界人権宣言 1948）

　この条文は、教育を学校教育と同一視した上で、無償で受ける権利を保障されているのが初等教育だけであること、そして教育を選択する権利が人権として親に保障されていることを示しています。そして、教育を選択する権利が保障されているということは、その前提として少なくとも中等教育段階以降の教育の多様性が認められていることを意味します。

　その後、この宣言に掲げられた目標を達成する過程で、教育を選択する権利の理念は予想外の展開を見せ、教育の質を必ずしも向上させることなく市場が多様な教育需要を満たすという結果をもたらしました。市場で提供される教育サービスは多様で、私立学校によってのみならず、学習塾や家庭教師などの学校外教育の形でも提供されます。学校外教育の形での教育サービス提供は、と

くに学校教育があまり整備されていない発展途上国において顕著であり、権利・義務としての公教育の理念の空洞化の原因の1つにもなっています。

2. 日本の学習塾──教育選択の自由と平等のあいだで

では、高い就学率・進学率を特徴とする日本の場合はどうでしょうか。発展途上国の場合、**教育の市場化**が公教育の理念の実現の立ち遅れを補う形で進んだのに対して、日本の場合、教育の市場化は公教育の理念が少なくとも量的な面（高い高校進学率）で実現された後に進行しました。前述のように、日本で学習塾が誕生したのは、高校進学率が9割を超えた1970年代のことでした。当時、高度経済成長に伴い可処分所得が増え、家庭における**教育投資**戦略の1つとして学習塾の利用が定着し始めたのです。そのため、日本における学習塾の発展は、人権よりもむしろ、ほかの児童生徒より一歩でも先んじることを求める熾烈な受験競争と関連づけて論じられがちです。

しかし他方で、学習塾の発展については、教育を選択する権利の行使という観点から考察することもできます。つまり、1970年代は、保護者が学習塾という学校外の教育の重要性を認識し、これを選択し利用する権利を行使し始めた時期だったということです。もちろん、教育を選択できる権利があることを知っていたとしても、実際にその権利を行使した、あるいは行使できた家庭は多くはありませんでした。また、学習塾を選べたとしても、その機能は、**進学塾**か**補習塾**として学校教育を陰から支えることに限定されていました。とはいえ、公立私立を問わず国家が統括し、程度の差こそあれ画一的な性格をもつ学校教育を甘んじて受け入れるのではなく、学校外の教育を自由に選択するというあらたな可能性が開かれたことは、明治以来の日本の教育の歴史のなかで画期的な出来事であったといえるでしょう。

しかし、教育選択の自由と平等とは容易に両立しうるものではありません。この自由と平等の両立の難しさは、苅谷（1995）が提示した教育をめぐるトリレンマ（三者間のジレンマ）によっても説明できます。すなわち、メリット、生活機会の平等、家族の自律性というすべての要求を同時に満たすことはでき

ず、2つが満たされれば残りの1つが満たされなくなるということです。たとえば、メリットと家族の自律性という2つの要求を満たすと、家族における**文化資本**の伝達は容易になりますが、他方で生活機会の平等を確保することは困難になります（上掲書, 213-214頁）。

　日本の教育は、まさにこのトリレンマに陥っているといえそうです。すなわち、教育における市場の役割が公式に認められることと、わが子が将来よりよく生きることができるために（子どものメリット）保護者が教育を選択する権利を行使すること（家族の自律性）は相補的な関係にあります。先述の通り、日本では実際教育の市場化が1990年代から進行し、結局文部科学省が学習塾の存在意義を認めることとなりました。さらに、2006年に改正された**教育基本法**では私立学校のみならず家庭教育に関する条項もあらたに設けられ、その「自主性」（家族の自律性）を尊重すべきことが規定されました。そしてそれは、すでに行われていた教育選択に当然の権利としてのお墨つきを与えることとなりました。他方、男女の平等を除けば、これまで平等（生活機会の平等）の推進について国家が積極的に言及することはほとんどありませんでした。結局、教育の市場化によって推進されたのは先述のトリレンマのうち子どものメリットと家族の自律性だけであり、生活機会の平等に関わる課題は見失われてしまったのです。以上のような教育の市場化をめぐる問題をふまえるならば、これを道徳の授業で取り上げることは可能であるだけでなく必要でもあるのではないでしょうか。

　では、以上で述べてきたような学習塾での受験勉強に伴うさまざまな矛盾・ジレンマは、児童生徒の経験のレベルにおいてどのような形で現れてくるのでしょうか。以下ではいくつかの事例を取り上げて考えてみることにします。

第3節　学習塾での受験勉強に関わる経験

　学習塾での受験勉強は児童生徒にどのような影響を与えているのでしょうか。学習塾に通う小学生を研究対象とした岩瀬（2010）は、児童が主体的にみ

ずからの受験準備をどのように意味づけていくのかを分析しました。以下で
は、岩瀬の研究からいくつかの事例を紹介しながら、すでに小学生の段階で子
どもたちが受験勉強との関連でどのような矛盾・ジレンマを経験しているの
か、またそのことが彼らにとってどのような道徳的意義をもつのかを考えてい
きます。

　こうした矛盾・ジレンマについては、3つの角度から考えることができま
す。第1に、学習塾でのほかの受験生との関わり方です。第2に学校（学校教
師や同級生）との関わり方です。そして第3に社会との関わり方です。

1. ほかの受験生との関わり方──競争と協力

　学習塾で児童生徒が受験という出来事にどう向きあうかは学習塾の性格や学
年によって異なります。とはいえ、どの学習塾にも、合格という目標に向かっ
て受験勉強に専念できる環境が整備されています。児童生徒はそれぞれの学習
塾に特徴的なやり方でみずからの目標を追求していきますが、学習塾がその過
程をすべて準備し、児童生徒がただその計画通りに課題に取り組むというわけ
ではありません。学習塾の集団授業に参加している児童生徒は、基本的に授業
に参加するほかの児童生徒と**競争**関係にあります。しかし、みずからの目標を
効率的に実現するために、自発的に**協力**関係を築いたり、集団としての意識を
もったりすることもあります。岩瀬の研究から1つの例をあげましょう。

　岩瀬は、大手進学塾の小学生向けの授業で助手として参与観察を行い、児童
が「難問奇問」に出会った場面でどう対処するのかを分析しています（上掲書,
94-99頁）。その場面では最初、塾の教師が質問を連発し、児童はその質問に
次々と即答していきます。しかし、教師がそれまで授業で取り上げたことのな
かった難問を突然提示すると即答は止みます。そして、受験準備では効率性と
合理性が重要だと教わってきた児童は、受験勉強として適切な問題であるのか
疑わしい問題に対して「戸惑いや疑問を表現すること、（中略）集団で一斉に、
また非言語的な手段を多用して、異議を唱え」始めます。児童のそうした反応
に対して、教師は難問奇問が彼らの志望校の入学試験でよく出題されることを

指摘します（上掲書, 96頁）。

　ここでは児童は、即答を止め教師に難問を解かなければならない理由の説明を求めるという状況が生じたことで、難問が志望校の入試で出題される可能性があるという受験の予測不可能性に目を向ける必要をともに学ぶことになります。ここで児童は、効率よく、受験に必要な知識に専念し、複雑な問題の解決にあまり時間を使わないという学習塾で教わったルールの相対性を経験し、想定外の状況にも臨機応変に臨む必要を学んだといえますが、さらに重要なのは、——このケースでは児童が互いに塾で教わったルールについて十分に議論する機会が与えられなかったとはいえ——競争しあう児童同士が互いに協力することで1つの学びに到達するということを実体験したということです。

　もう1つの事例は岩瀬が別の学習塾で行った参与観察からのものです。その学習塾は、受験勉強を視野に入れながら**探究型学習**を推進することを理念として掲げ、多様な知識の関連性を調べ考えることを授業で実施しています。この探究型学習は、たしかに塾の教師の指導のもとで行われるのですが、教師からの指示がなくとも、児童は探究型学習という学習スタイルに有用な取り組みを自分たちで工夫し、役割を分担して必要な資料やツールを授業にもち込み、互いに協力しながら問題を調べたり解いたりします（上掲書, 187-189頁）。もちろん探究型学習が学習塾の受験勉強という文脈で推進されることは決して普通ではありません。しかしこの事例で注目すべき点は、受験での合格という個々の児童の目標に向かって努力しつつも、**協力**関係が生じる可能性があることを示唆していることです。

2. 学校との関わり方──受験生と学校の児童

　つぎに学校生活からの一場面です。学校で彼らは、受験しない同級生や学校教師との関係を意識しなければなりません。岩瀬は受験の意志を周囲に伝えることをできるだけ遅らせようとする児童の例をあげています。その理由は、受験の意志を知った教師がその児童に対して態度を変える可能性があるからです。たとえば、受験に否定的な教師の場合、受験の決断と児童のそれまでの努

力を認めず公立学校への進学を勧めることがあります。

　他方、受験に肯定的な教師の場合でも、児童を受験生として扱うことで教師や同級生との関係がさらに複雑になることがあります。

　　A「やんなっちゃったよ。授業中でも放課後でも構わずね、"おい、いいか、こういうの先生は出ると思うんだけどな"、とかって言ってくるの。（中略）みんなの前でさ。そんなの、ハイ分かりました、ってさ、マジメに受け入れると思ってんのかな？」
　　【岩瀬】「なんで？先生の言うことって、とんでもないことなの？」
　　B「ううん、それが結構当たってるから厄介なんだって。そりゃそうだけど、って一瞬思うけど…先生よく知ってるって思うんだけど…だけどそういう風にしてると、嫌なんだって。周りがいやな目でみるから。あいつは先生の言うことばっか聞いてる、みたいに（言われるから）。」（上掲書, 125 頁）

　岩瀬によると、こうした教師のふるまいは、児童を深刻なジレンマに陥れます。つまり、学校教師との良好な関係を維持しながらも同級生のまなざしを気にしなければならないというジレンマです。上記のような学校教師のふるまいは、「受験生として、そしてその学校の児童として、という 2 つの立場それぞれを円滑に進めることを脅かす」（上掲書, 126 頁）ことになるのです。

　ちなみに、学校教師によって受験や通塾に対する態度が異なることが日本の**教育の二重構造**に由来するものであることはいうまでもありません。こうした矛盾ゆえに、受験生は教師がどちらの立場に立っているのかを判断し、適切に対処しなければならないのです。「小学校学習指導要領（平成 29 年告示）」の道徳科の**視点 C「主として集団や社会との関わりに関すること」**の「よりよい学校生活、集団生活の充実」では、「先生や学校の人々を敬愛」するという学習目標が掲げられています（文部科学省 2017c, 168–169 頁）。しかし、中学受験に直面している小学生であれば、道徳科の授業で取り上げられるよりもさらに一歩進んで、すでに学校の一員としてのアイデンティティを相対化し、ほかの児童たちとの関係を再調整しなければならないような困難な状況に置かれているとも考えられます。

3. 社会との関わり方——通塾の負い目とおとなへの批判

　最後に社会との関わりに関する事例です。ほとんどの中学生にとって受験は
ごく普通の経験であり、社会的にもそのための通塾がある程度許容されていま
す。しかし、中学受験のために塾に通う小学生を対象とした岩瀬の研究から
は、時として世間からの厳しい目にさらされる児童の実態も明らかになりま
す。

　児童は学習塾の外でおとなの視線や接し方を受け止め、「受験生であること
をめぐる大人と子どもの意味の乖離」に気づくことがあります。たとえば駅や
電車のなかで受験の会話をすることで、中学受験生であることが周囲の人々に
知られ、否定的な視線が注がれることがあります。これに対して児童は彼らな
りの対応をみせます（岩瀬 2010, 115-118 頁）。

　塾の外では受験生であることを悟られないようにふるまうことが１つの対応
の仕方です。こうした対応は、みずからが中学受験生として通塾していること
に対する負い目に由来するものでしょう。他方、それとは逆に自分が受験生で
あることを積極的に呈示するような態度をとることもあります。たとえば、以
下の例が示すように、受験生であることを積極的に利用しておとなのマナーの
欠如を指摘するような行動を取ることもあります。

　　【岩瀬】みんな塾の帰り、ぐったりじゃない？
　　　「ううん、全然！あ、だけどね、帰り絶対座れる方法、知ってる。教えてあげ
　　　ようか。あのね、すんごいフラフラだーみたいな顔してね、棒（＝座席の端のあ
　　　る握り棒）につかまってるの。それか（または、）リュックの肩紐のところに手入
　　　れて、ボーッと立ってるの。そうすっとね、大抵は席、空けてくれるよ。…だ
　　　いたいね、七人掛けんとこに、六人で座ってるほうが悪いの！でしょ？」（小六
　　　男子へのインタビューより）（上掲書, 121 頁）

　これらの事例からは、児童が——すでに小学生の段階で——外部社会との接
触を通じて中学受験生としてのみずからのアイデンティティを意識しているこ
と、さらには、中学受験生としての自分に注がれる否定的なまなざし——それ
は 70 年代までの学習塾批判に由来するものかもしれません——に対峙するな

かで、自分のふるまいを調整するだけではなく、逆に周囲のおとなたちのふるまいを疑問視していることも明らかになります。小学生といえども、すでに家庭や学校を超えた社会とリアルに関わり対応しているということは見落とすべきではないでしょう。

 第4節 実践に向けて──児童生徒の実体験を取り上げることの道徳的意義

すでに高校以上の教育選択の幅は広いのですが、教育の市場化がさらに進展していくことが見込まれる現代社会では、さらに早い段階から教育を選択することが普通になるでしょう。その結果、ますます多くの児童生徒が、成長・発達や**教育の二重構造**に由来するさらに多様な矛盾・ジレンマに陥り、それが学校内外の人間関係に深刻な影響を及ぼす可能性があります。しかし他方で、こうした矛盾・ジレンマに対峙し取り組むことは、自立へと向かう契機ともなりえます。

第2節でふれたように、受験勉強への取り組みは、道徳科の**視点A「主として自分自身に関すること」**に直結すると考えられます。しかし、先の事例が示唆するように、すでに中学受験生の場合ですら、受験勉強への取り組みがもたらす矛盾・ジレンマは、おのずと**視点B「主として人との関わりに関すること」**や**視点C「主として集団や社会との関わりに関すること」**にも関係してきます。しかも、彼らのなかには、学校の道徳の授業で提示される教材よりもはるかにリアルで深刻な矛盾・ジレンマを抱え、これに自分なりに対処してきた実体験をもつ人も少なくないのです。そう考えた場合、児童生徒が受験をめぐって現実に経験してきたさまざまな矛盾・ジレンマを道徳の授業で正面から取り上げることは、可能であり必要でもあるのではないでしょうか。

（Kim Mawer）

演 習 問 題

　自分の大学の友人やかつての学校の同級生に受験や通塾の経験について尋ねて
ください。受験や通塾の経験がある場合、学習塾で学んだ価値観と学校で学んだ
価値観の共通点と違いについて議論してみてください。受験や通塾の経験がない
場合は、その理由を尋ねるとともに、当時通塾していた同級生との関わりや学習
塾の利用について意見を訊いてみてください。

【引用文献】

外務省（2020）「万人のための質の高い教育——分野をめぐる国際交流」（https://www.mofa.go.jp/
　　mofaj/gaiko/oda/bunya/education/index.html 最終閲覧日 2023 年 8 月 20 日）.

岩瀬令以子（2010）『塾のエスノグラフィー——中学受験向けの日常過程にみる受験体制の成立』東
　　洋館出版社.

苅谷剛彦（1995）『大衆教育社会のゆくえ——学歴主義と平等神話の戦後史』中央公論新社.

国際連合広報センター「世界人権宣言テキスト」（https://www.unic.or.jp/activities/humanrights/
　　document/bill_of_rights/universal_declaration/　最終閲覧日 2023 年 8 月 21 日）.

国立教育政策研究所（2023）「令和 5 年度　全学力・学習状況調査報告書——児童生徒一人一人の
　　学力・学習状況に応じた学習指導の改善・充実に向けて　質問紙調査」（https://www.nier.
　　go.jp/23chousakekkahoukoku/report/data/23qn_k.pdf　最終閲覧日 2023 年 9 月 12 日）.

文部科学省（2017a）「中学校学習指導要領（平成 29 年告示）」.

文部科学省（2017b）「中学校学習指導要領（平成 29 年告示）解説　特別の教科道徳編」.

文部科学省（2017c）「小学校学習指導要領（平成 29 年告示）」.

文部科学省（2021）「高等学校教育の現状について」（https://www.mext.go.jp/a_menu/shotou/
　　kaikaku/20210315-mxt_kouhou02-1.pdf 最終閲覧日 2023 年 9 月 12 日）.

Roesgaard, M. H.（2006）*Japanese education and the cram school business: functions, challenges
　　and perspectives of the juku.* Copenhagen: NIAS Press.

UNESCO（2015）*Education for All 2000-2015: achievements and challenges; EFA global
　　monitoring report summary, 2015*（https://www.unesco.org/gem-report/en/efa-achievements-
　　challenges 最終閲覧日 2023 年 8 月 21 日）.

ワークショップ

1) 調べて、考えてみよう

　道徳の理論を理解する上で、以下の言葉の違いを明確にすることは重要です。それぞれの言葉の意味を調べ、違いについて考えてみましょう。

①道徳　【英語：　　　　　　　　　】

②道徳性　【英語：　　　　　　　　】

③倫理　【英語：　　　　　　　　　】

④規範　【英語：　　　　　　　　　】

⑤道義的　【英語：　　　　　　　　】

⑥人道的　【英語：　　　　　　　　】

2) 議論して、発表してみよう

　第1・2・3・6・7章では、複数の道徳が併存している状況についてそれぞれの観点から述べられています。それらの議論を参考に、複数の道徳が併存している状況として私たちの身のまわりにはどのようなものがあるのかを議論し、それらの道徳がいかなる共存関係／対立関係にあるのか発表してみましょう。

3) 理解を広げ、深める作品紹介

　第Ⅰ部の内容について理解を広げ、深めることができる作品を紹介します。推薦コメントを参考に、普段とは違う角度からこれらの作品を観てみましょう。

【映画】

『海の上のピアニスト』（監督：ジュゼッペ・トルナトーレ、1998 年）

　かつて J.A. コメニウスは『大教授学』においてすべての人がすべての事を学ぶことを理想として掲げました。その理想は、今日インターネットによって実現されたともいえます。しかし、自分が望む人やモノと瞬時にアクセスできるデジタル時代の対極に位置するとも考えられる狭い世界のなかにも幸福というものがあったし、またありうるのかもしれません。そのことを深く考えさせられる映画です。とくにエンディング部分で親友・マックスに語った主人公・ナインティーンハンドレッドの言葉には重みがあります。ルネサンス・ヒューマニズムを批判した J.-J. ルソーの「学問芸術論」（1750）や『エミール』（1762）とも接点があると思います。

【マンガ、アニメ】

『鬼滅の刃』（吾峠呼世晴、集英社、2016-2020 年）

　社会的ブームを巻き起こしたマンガですが、葛藤を伴う他者への共感・ケアについても考えることができる作品です。あわせて小川公代『ケアする惑星』（講談社、2023 年）を参照することもオススメします。

【マンガ】

『AI の遺電子』（山田胡瓜、秋田書店、2015-2017 年）

　人間とヒューマノイドが共存する近未来社会を舞台に、ヒューマノイドを治療する人間の医師を主人公としたマンガです。人間とヒューマノイドそれぞれがもつ考え方の違いから生じる問題を愛や友情という視点から描いており、技術の発展による私たちの価値観の変化について考えることができます。

道徳授業のねらいを
どう定めるか？

「授業者の意図と授業のねらいとの関係」について

　一般に、どんな授業でもねらいを定めることが重要です。もしもねらいを定めなければ、授業において何を実現したいかをあいまいにしてしまい、そのつどの勝手に任せて授業を行ってしまうでしょう。この意味において、授業構想の核心はねらいの設定にあるといえます。では、とりわけ道徳授業の場合はどうでしょうか。道徳授業のねらいを定める際には、ほかの教科とは異なる特別な事情があるのでしょうか。こうしたことを意識しながら、道徳授業のねらいをどう定めるかについて、自分の考えを整理してください。なお、ここでねらいとは、授業を通して児童生徒に「こうなってほしい」と意図したもの、と定義することとします。

【自分の考え】

【そのように考えた理由】

第1節　価値多様化時代におけるねらいの設定

1. ねらいを定めることの重要性

　まずはじめに、ねらいを定めるという行為一般について、簡単にイメージを膨らませておきましょう。みなさんはダーツで遊んだことがありますか。ダーツを投げる時、何点を取るべきかを決めた後、ボードの特定の位置に意識を集中させることでしょう。このように、ダーツにおいてねらいを定めるとは、ダーツをどこに投げるかを意識の上で明確化することであり、そうすることによって、期待しているところにダーツが当たる可能性がより高まるのです。

　道徳授業でも基本的に同じことがいえます。授業者はきちんとねらいを定めなければ、授業を通してめざすものを明確化することができず、思いもよらない方向へと授業を進めてしまうでしょう。この時、児童生徒にとっては、何を学んだのかよくわからない時間が過ぎてしまうかもしれません。そうならないため、道徳授業を構想する際には、授業を通して児童生徒に「こうなってほしい」という意図を明確にしておく必要があります。ねらいの設定の仕方に統一的なルールはありませんが、そうした意図を「○○する態度を養う」などの表現にまとめることが一般的となっています。

　道徳授業のねらいを定めることの重要性について、実践者間や研究者間では共通了解が得られています。教育哲学研究者の伊藤潔志（2019）は、道徳授業のねらいを定めることの重要性を強調した上で、道徳授業のねらいが備えるべき3条件として、①具体的であること、②達成可能であること、③評価可能であることをあげています。伊藤によれば、第1に、ねらいは具体的でなければならないとされます。ねらいは指導内容や指導方法を方向づけるものであるかぎり、授業者が自覚できる具体性を備える必要があります。第2に、ねらいは達成可能でなければならないとされます。ねらいは授業単位で定められる以上、1回の授業のなかで達成可能なものである必要があります。第3に、ねらいは評価可能でなければならないとされます。ねらいは授業目標であると同時に評価基準ともなるため、児童生徒の到達度を評価することのできる内容であ

■■■　第8章　道徳授業のねらいをどう定めるか？　│　103

る必要があります。

2. 道徳教育のあらたな潮流

　道徳授業のねらいを定めることの重要性について、もはやことさらに強調するまでもないでしょう。その代わりにここでは、私たちの視野を拡大し、ねらいの設定の仕方とも関係するであろう、道徳教育のあらたな潮流に注目したいと思います。

　わが国の学校教育では、2018年度（小学校）・2019年度（中学校）より道徳が教科化され、「特別の教科　道徳」が実施されています。これに伴って、あるいはこれと前後して、児童生徒に**「答えが一つではない道徳的な課題」**に向きあわせることの重要性が示されています。「小学校学習指導要領　解説　特別の教科　道徳編」(2017) では、道徳の教科化の趣旨を説明している箇所で、「発達の段階に応じ、答えが一つではない道徳的な課題を一人一人の児童（筆者注：中学校では生徒）が自分自身の問題と捉え、向き合う『考える道徳』、『議論する道徳』へと転換を図るものである」（文部科学省 2017, 2頁）ということが記されています。

　従来の道徳教育には決まりきった答えの**「押しつけ」**という側面があったと指摘されてきましたが、教科としてあらたに実施される道徳教育では、上記の引用にあるように、児童生徒を「答えが一つではない道徳的な課題」に向きあわせることが重要であると考えられています。こうした転換にはさまざまな背景があると考えられますが、情報化の進展をはじめとする社会情勢の変化に伴って、社会における価値が多様化してきたことがその1つにあげられます。かつては無条件に正しいと思われてきた単一の価値に対して、良くも悪くも疑いのまなざしが向けられ、複数の価値のそれぞれが答えとなりうるのではないかと考えられるようになりました。もちろん、実際にそれらがすべて正当であるかは別問題ですが、人々のあいだにそのような考え方が浸透してきたことはたしかでしょう。こうした価値多様化時代にあって、道徳教育はその質的転換を求められるようになったというわけです。

3. 授業者の意図が抱える問題

　私たちはすでに道徳授業のねらいを定めることの重要性について確認しました。これに異論を唱える人はおそらくいないでしょう。その一方、道徳教育のあらたな潮流に従って、児童生徒を「答えが一つではない道徳的な課題」に向きあわせようとするなら、ねらいを定めることはこれと相反することになるかもしれません。いったいどういうことでしょうか。

　道徳授業のねらいを定めることは、授業を通して児童生徒がどうなるかについて、とくに「こうなってほしい」と考えることであり、いわば的を絞るようなものです。ここで問題なのは、この「的を絞る」ということが、多かれ少なかれ、授業者の意図に沿わない児童生徒の意見を制約する方向に働いてしまうという点です。

　本来、児童生徒を「答えが一つではない道徳的な課題」に向きあわせるためには、複数の答えが存在しうるという可能性を見据えて大きく構え、児童生徒のさまざまな意見を寛容に受け止める必要があります。もちろん、最終的にそれらすべてを答えとして認めるわけにはいかないとしても、「答えが一つではない道徳的な課題」に向きあわせる以上、児童生徒を決まりきった答えに向けて誘導することは好ましくありません。ところが、「○○する態度を養う」というねらいを定め、そのねらいを実現しようとすれば、児童生徒からどのような意見が出ようとも、「なるほどそれも良い考えですね」などと巧みにかわしつつ、結局のところ、授業を通して「養う」と決定した「○○する態度」の良さを強調しなければならないでしょう。この時、児童生徒に「こうなってほしい」という意図は、それに沿わない児童生徒の意見を受け流したり、時には無視したりすることに通じるかもしれないのです。

 ## 第2節　授業者はどのような意図をもつべきか

1. 問題設定

現時点で断っておきたいのですが、本章では最終的に、ねらいを定めること

自体をやめてしまおうと主張するつもりはありません。教育はそもそも意図とは切り離しえない営みであり、それすら否定すると教育自体がもはや不要となってしまうでしょう。そのため、ここで問うべきは、児童生徒を「答えが一つではない道徳的な課題」に向きあわせるため、授業者はどのような意図をもつべきかという問題です。以下では、この問題に対して有益となりうる視点を提示したいと思います。

　唐突ですが、みなさんに紹介したいエピソードがあります。わが国にはかつて野中到という気象学者がいました。野中さんは富士山頂に気象観測所を設置するという目標を掲げ、厳しい環境で知られる富士山頂で冬を過ごすことを決意しました。そんな野中さんは、山頂にまで連れ添っていた妻が病にかかり、さらにみずからもまた病にかかりながら、「歩けるうちは、ぼくに観測をやらせてくれ」と妻を説得し、気象観測を続けようと奮闘したのです。そのような時、野中さんたちを心配したふもとの人々が救助にかけつけ、野中さんはやむなく下山することとなりました。

　ここで紹介したエピソードは、かつて文部省が出版した「小学校道徳の指導資料」(1964) に収録された「こおりついた風力計」の一部を簡潔にまとめたものです。さて、もしもこのエピソードをもとに道徳授業を行うとすれば、あなたはどのようなねらいを定めますか。

2. 授業者の願い

　野中さんのエピソードをもとにした道徳授業で、「正しい目標の実現のために、ひとたび心にきめたことは困難に耐えて、最後までしんぼう強くやり通す態度を養う」に近い表現でねらいを定めた人は、みなさんのなかにどれほどいたでしょうか。私の予想ではかなり多いのではないかと思いますが、ここに記したねらいは、上記の「小学校道徳の指導資料」のなかで推奨されていたものです。ここで少し立ち止まり、この種のねらいについて吟味したいと思います。

　野中さんのような、困難な状況を乗り越えようとする人を前にして、私たちはみずからもそうでありたいと願うことがあります。それだけでなく、未来を

背負っていく児童生徒にもこうした憧れを投じ、困難な状況に直面しても児童生徒には安易にそこから目を背けるのではなく、それを乗り越えてほしいと願うこともあります。実際のところ、「正しい目標の実現のために、ひとたび心にきめたことは困難に耐えて、最後までしんぼう強くやり通す態度を養う」に近い表現でねらいを定めた人は、児童生徒に対するそうした願いをもっていたのではないでしょうか。もちろん、これは不自然なことではありません。困難な状況を乗り越えようとすることは、気持ちの面ではすばらしいといえるし、その気持ちが良い結果につながることも少なくないからです。ただし、これから述べることが重要ですが、**授業者の願い**は、道徳授業のねらいとは区別されなければなりません。

　ここでとりあげたケースがまさにそうですが、困難な状況に直面した児童生徒にそれを乗り越えてほしいと願い、野中さんのエピソードを用いてその願いを果たそうとすることは、道徳授業のねらいとしては不適切であるといえます。というのも、自分自身はおろか妻まで命の危険にさらしながらも気象観測を続けようとした野中さんのあり方は、他者から見ると手放しで称賛できるものではないからです。むしろ野中さんは、自分が置かれている状況を率直に見つめ、本当に大事なものを守るために下山を決意した方がよかったのではないかと思われます。そうした選択の可能性を考慮に入れないまま、困難な状況を乗り越えようとする態度の良さを伝えることに終始すれば、児童生徒にいわば精神論を説くだけの道徳授業となってしまうでしょう。

3. ねらいと願いの区別

　みなさんは今、授業者の願いはそのままねらいとはなりえない、ということを理解しているはずです。このことに異論はないと信じますが、ここでつぎのことが明確にされる必要があります。すなわち、ねらいを願いから分かつものとは何かということです。このことが明らかとなれば、道徳授業における意図についての理解を深めることもできそうです。

　道徳授業のねらいには、ある状態に望ましさを認める判断が含まれます。た

とえば「〜する態度を養う」というねらいを定めるのは、児童生徒の「〜する態度」を望ましいと判断しているからです。この「望ましさ」という観点からすると、ねらいと願いにはさほど違いがないようにも思われます。というのも、願いの方にもまた、ある状態に望ましさを認める判断が含まれるからです。

　ただし、ここで「望ましさ」の内実に注目すると、願いの方は主観的な側面が大きいことがわかります。たとえば、「私はAさんと恋人になりたいと願っている」という場合、私にとって「Aさんと恋人になること」は望ましいとしても、Aさんにとってもそうであるとはかぎりません。「私はAさんと恋人になりたいと願っている」というのは、多かれ少なかれ、当人の欲求を表現しているにすぎないようです。他方、ねらいは教育的観点から定められる以上、一定数の他者からもその望ましさが認められなければなりません。そうした望ましさはなんらかの原則から論理的に導き出されるものではありませんが、いずれにしても、当人の望みを超えた望ましさであることには違いないでしょう。

第3節　道徳授業における「押しつけ」をめぐる問題

1. 意図の実現は何であれ「押しつけ」か

　私たちはそもそも、児童生徒を「答えが一つではない道徳的な課題」に向きあわせるため、授業者はどのような意図をもつべきか、という問題に取り組もうとしたのでした。そこで明らかとなったのは、道徳授業における意図は、当人の望みを超えた望ましさを備えたものだということです。したがって、道徳授業でねらいとする内容の望ましさを第三者的に吟味することが、適切な意図をもつことに通じるといえるでしょう。

　そうはいっても、この適切な意図をもつことが、児童生徒を「答えが一つではない道徳的な課題」に向きあわせることにただちに通じるかというと、そうであるともいい切れません。というのも、児童生徒に「こうなってほしい」と

いう意図は、すでに述べたように、その意図に沿わない児童生徒の意見を制約する方向にも働きうるからです。ねらいは、1つの意図である以上、児童生徒に何かを押しつけるという側面から逃れることはできません。このように考えると、意図の実現は何であれ「押しつけ」であるようにも思われます。では、授業者はどうすればよいでしょうか。

2. 社会的認識としての「押しつけ」

先の問いに対して、さしあたり、下記のような2つの答えの方向性を考えることができそうです。

1つの方向性は、なるべく押しつけを軽減するため、意図の程度をあえて弱めることです。わかりやすくいえば、授業において何を実現したいかをあいまいにすることです。たしかにこれは押しつけを軽減することには成功するはずですが、おそらく推奨されるべきものではありません。というのも、どれほどあいまいな意図であってもねらいとして認めてしまうと、児童生徒がなんとなく話しあったとしかいえない授業でさえ、ねらいに即した良い授業と見なされてしまいかねないからです。ちなみに、山岸賢一郎ら (2023) は「全面的な許容」という概念でこれと似た問題を論じています。

そこでもう1つ、つぎのような方向性を考えたいと思います。すなわち、意図の程度をむしろ強めるとしても、それを実現することが「押しつけ」とは見なされない内容を伝達することです。たとえば、小学校低学年の算数授業で「1 + 1 = 2」を教える時、私たちはそれについて、教師が何かを児童生徒に押しつけたとは思わないでしょう。というのも、小学校低学年の児童が「1 + 1 = 2」を知っておくことは望ましいと考えられるからです。このような例を考えると、一般に「押しつけ」が問題となるのは、意図自体の有無というより、意図の内容をめぐる私たちの認識であるといえそうです。同じく小学校低学年の算数授業において、「1」という記号の意味を明らかにしなければ「1 + 1 = 2」は証明できないと豪語するとか、授業とは直接関係のない数学の知識を延々と語るといった場合、たとえそれがどれほど穏やかな口調でなされたとし

ても、私たちはそこに「押しつけ」のようなものを見出すのではないでしょうか。

　いささかマニアックな議論へと導いてしまいましたが、みなさんとここで共有したのは、一般に「押しつけ」と呼ばれるものを社会的認識の次元でとらえ直すための視点です。ねらいは、1つの意図である以上、児童生徒に何かを押しつける側面を含んでいますが、実際にそれが「押しつけ」として問題化されるか否かは、社会の構成員である私たちがその内容をどう評価するかによるということです。こうした視点に立脚する時、道徳授業のねらいを定める際には意図の実現を過度に恐れる必要はありません。というのも、授業者が意図する内容について、その望ましさが広く認められうるかぎり、それが「押しつけ」であるとの指摘は必ずしも正当ではない（控え目にいって生産的ではない）と考えられるからです。

　ただし、ここで問われなければならないのは、どのような内容であれば望ましいといえるか、という望ましさの基準をめぐる問題です。とりわけ道徳授業の場合、人々のあいだで見解の相違が生まれやすい価値（ないしは価値観）が扱われるため、全員が口をそろえて認める望ましさの基準を見出すことは難しいと思われます。そうすると、結局のところ、授業者はどうすればよいのでしょうか。

　おそらくここで、私たちがすでに確認したねらいと願いの区別が有益となるでしょう。もしも授業者がみずからの願いのままにねらいを定めるなら、その望ましさについて、社会的な合意が成立することは期待できません。むしろその望ましさは、授業者によって第三者的に吟味されなければならないのでした。つまり、当人がたとえ何を望んでいようとも、他者の視点も取り入れて望ましさを吟味することによってはじめて、道徳授業のねらいは成立するのです。このような仕方でねらいを定めることができれば、その望ましさについて、社会的な合意が成立することを期待してよいでしょう。したがって、一周して同じところに戻りますが、道徳授業でねらいとする内容の望ましさを第三者的に吟味することが適切な意図をもつことに通ずる、ということをあらため

て強調したいと思います。

 ## 第4節　実践に向けて──望ましさを第三者的に吟味すること

　本章では、道徳授業のねらいについて検討してきました。その際、道徳教育のあらたな潮流に従って、児童生徒を「答えが一つではない道徳的な課題」に向きあわせようとする場合、ねらいを定めることが一筋縄ではいかないことを確認しました。たとえば「～する態度を養う」といったように、児童生徒に養われるべき態度を最初から決定することは、児童生徒を「答えが一つではない道徳的な課題」に向きあわせることを阻害してしまう可能性があります。そうした可能性をふまえつつ、授業者はどのような意図をもつべきかを考えようとしたのです。そこで、ねらいと願いの区別を明確にした上で、さらには「押しつけ」をめぐる問題へと論を進めました。

　結論のみを切り取れば、道徳授業のねらいを定める際には、授業を通して児童生徒に「こうなってほしい」と考えることについて、その望ましさを第三者的に吟味することが重要である、ということになります。このように述べることは容易ですが、実際にそれを行うことは必ずしも容易ではありません。というのも、私たちは普段、一人称の「私」の視点から物事を考えているため、他者へとその視点を開くためには必要以上の負荷がかかってしまうからです。とはいえ、それは私たちの努力を放棄させるものではなく、むしろ促すものとなるべきです。道徳授業でねらいとする内容について、授業者は常に「その望ましさは自分が勝手に求めているものではないか」と自問自答し続けなければならないでしょう。またその際、自問自答するのみならず、自分自身が定めたねらいについて他者と意見を交わし、独断論に陥っていないかどうかを確かめることもまた求められるでしょう。

　このように整理してみると、ともするとさほど目新しい主張はないかもしれません。事実、たえず道徳授業を改善しようと試みる人にとって、道徳授業でねらいとする内容の望ましさを第三者的に吟味することは、およそ当然のこと

ではないでしょうか。とはいえ、「当然のこと」であるがゆえにその原理にまでさかのぼって考えていなかったとすれば、本章で論じたことは、道徳授業をとらえるレンズの解像度を上げ、ねらいをより深く定めることにいくらか貢献したのではないかと信じます。そうであるとすれば、本章の執筆者である私自身の「ねらい」は実現したといってよいでしょう。

（塚野　慧星）

演 習 問 題

(1) 道徳授業のねらいをどう定めるかについて、本章を読み終えた自分の考えを整理してください。その際、最初の時点から自分の考えがどう変わったかを明確にするようにしてください。

(2) 本章の第２節で、野中さんのエピソードを紹介し、「もしもこのエピソードをもとに道徳授業を行うとすれば、どのようなねらいを定めますか」と尋ねましたが、今あらためてこの課題に取り組んでください。その際、野中さんのあり方を一面的に称賛しないよう心がけてください。

【引 用 文 献】

伊藤潔志（2019）「道徳科授業の「ねらい」」『桃山学院大学キリスト教論集』第 54 号，23-31 頁．

文部科学省（2017）「小学校学習指導要領（平成 29 年告示）解説 特別の教科 道徳編」．

文部省編（1964）『小学校道徳の指導資料 第 1 集（第 6 学年）』．

山岸賢一郎・塚野慧星・齋藤圭祐（2023）「「答えが一つではない道徳的な課題」に向き合う道徳教育とは何でありうるか——道徳授業の「ねらい」の設定の仕方に注目して」『教育基礎学研究』第 20 号，35-55 頁．

9 自分であるとはどういうことか?

「主として自分自身に関すること」について

自己紹介、自己アピール、プロフィール登録……みなさんは、日常生活で自分について語ることや記述することを求められることが多いと感じませんか。このような要求には、「おとなであるあなたは自分をわかっており、確固とした自分をもっているはずである」という前提があるようです。それでは、自分が自分であるとはどういうことなのでしょうか。また、なぜ私たちは確固とした自分をもつ必要があるのでしょうか。加えて、みなさんは、誰かの指示に従うのではなく、何事も自分で主体的に考え、決定し、行動し、責任も取る、このような人をどう思いますか。私たちが今生きている時代がどのような時代なのかを考えながら、上記の３つの問いに答え、またなぜそう答えたのか、その理由も書いてください。

【自分の考え】

【そのように考えた理由】

実は、自己というものを私たちの内側に見出し、善と結びつけて考えるような習慣は、17世紀頃のヨーロッパに始まります。また、主体については、初期キリスト教における「神の置いたもの」(subjectum) が起源とされますが、ものごとの正誤や善悪を判断し、その判断に即して行動できる理性や良心を主体が備えていると考えられるようになるのも、やはり17世紀頃からです（田中 2017, 409-410頁）。そして、この主体という言葉と考え方が、翻訳を介して日本に導入されるのは、20世紀になってからです。

　以上の経緯から、本章では、17世紀以降の哲学者たちが自己や主体に関する思想をどのように展開したのか、時代を追って見ていきます。最後に、本章で取り上げたさまざまな思想をふまえた上で、現代における自己や主体について考えたいと思います。

 ## 「内面」から眺める「正しい自己」

1. デカルトが導き出した考える「私」

　ルネ・デカルト (Descartes, R.) は「我思う、ゆえに我あり」という有名な言葉で知られるフランスの哲学者です。デカルトは、あらゆるものごとを疑い、確実なものはいったい何かを探究しました。このすべてを疑う方法を「**方法的懐疑**」といいます。

　デカルトが生きた16世紀から17世紀のヨーロッパは、領主を中心とした中世の封建社会から中央集権の国民国家へと社会のしくみが劇的に変化し、それに伴って人のあり方も変化していく時代でした。このような混沌とした時代において、デカルトは「ほんのわずかの疑いでもかけうるものはすべて、絶対に偽なるものとして投げすて、そうしたうえで、まったく疑いえぬ何ものかが、私の信念のうちに残らぬかどうか、を見るべきである」（デカルト 2001, 40頁）と述べ、疑わしいものを徹底的に取り除き、確実な真理を探究しました。デカルトは、感覚や夢、数学、さらに自明とされた神の存在まで、いったんとことん疑ってみました。この方法的懐疑を経てデカルトが突き止めたのが、今まさに

疑っている「私」、考えている「私」は疑いえない、つまり確実にあるということでした。さらに、デカルトはこの「私」を起点として、神の存在や「私」の外側の事物の存在を立証していきます。こうしてデカルトは、「私」という主観をもとに客観的な世界を論証し再構築できることを示しました。

　ここで重要なのは、デカルトが示した「私」という主観によって、私たちは、周囲のものごとだけでなく自分の体をも自分から切り離し距離を取って眺めることができるようになったということです。古代からヨーロッパでは、人間と世界は一体となり調和して存在していると考えられてきました。しかし、デカルトの主観的な「私」つまり内なる自己は、世界を対象化できるようになるとともに、世界から切り離されることにもなりました。この、ものごとを対象化して眺める「私」が現代的な意味での**主体**です。

　また、古来、善は人間の領域の外側にある世界に属し、人間はその善に近づくために哲学すると考えられていました。しかし、デカルトが見出した「私」は、善なる神に支えられ、善を直観できる自律的な存在であるとされました。こうして、人間の内面にある「私」、すなわち主体が善を知るゆえに、その確立が重要視されるようになったのです。

2. ロックの自由で自律的な自己

　デカルトが突き止めた、疑いえない「私」を引き継いだのが、イギリスの哲学者ジョン・ロック（Locke, J.）です。デカルトは、「私」の心に浮かんで意識できるもの、たとえば、色や形、さらに数や神などの概念を観念であると考えました。ロックもデカルト同様、私たちが日常的に存在すると思っている物や三角形の概念など、心が思い描くものを観念と考えました。ただしロックは、心とは「まったく文字を欠いた白紙」（ロック 1980, 81 頁）であると述べ、デカルトが述べた**生得観念**（あらかじめ人間に備わるとされる、ものや真理などの観念）を認めず、観念はすべて経験によって得られると考えました。ロックによれば、観念は「物そのもの」（人間の外側に存在する客観的な世界）に触発されて現れますが、人間はその観念を自由に組みあわせてものごとを考えることができ、みず

から真理を手に入れることができるのです。

　このように、生得観念の否定と経験的な対象のとらえ方によって、ロックは神に全面的に頼ることのない自由な心の領域について論じました。ロックが生きた17世紀のイギリスでは、キリスト教を正当化の基盤とする絶対王政から議会民主制へと政治体制が急激に変化しました。ロックの思想には、政局に巻き込まれ亡命をよぎなくされた経験が少なからぬ影響を与えたと考えられます。

　また、ロックは、人々が平和に暮らしている状態が「**自然**」（nature）状態であるとし、この「自然」を人間の本性（nature）の意味でも論じました。「自然」は、古代ギリシャでは人為を超えた秩序ある世界を意味していましたが、ヨーロッパの広い地域でキリスト教の布教が進むと、しだいに神による天地創造の時の世界と考えられるようになりました。さらに派生して、「自然」は人間や社会の望ましい規範ともとらえられるようになっていました。ロックによれば、人間は社会性を本性（nature）として備えているため、自由・生命・所有という自然権をもちつつも、神が与えた理性によって互いに自然権を尊重しながら平和に暮らすことができるのです。

3. ルソーにおける自己愛と根源的善性

　18世紀になると、自分の身を守る自己保存の欲求や、自分の幸福や利益、名誉を得ようとするような自己愛（amour-propre）は、神が与えた自然な情念、すなわち人間の本性であると見なされ、幸福や利益の追求が肯定的に受け止められるようになりました。では、自己愛をもった人々が社会を作る場合、道徳的であることは可能でしょうか。この問題に答えるべく、人間の本性である自己愛の善し悪しや、自己愛をどの程度まで抑制すべきかをめぐって激しい議論が起こりました。

　こうした議論に対して、18世紀フランスの哲学者、ジャン＝ジャック・ルソー（Rousseau, J.-J.）は、人間が自己保存を望むのは「自然」（神が与えた当初の状態）であるが、自己愛は他人と自分を比較し、自分をよく見せたい、自分が優位に立ちたいという利己的な情念でもあるため問題があるとしました。ルソー

は、当時人間の本性として論じられていた自己愛を、社会によって堕落した利己愛と見なし、自己愛が悪しき利己愛に変化する以前の状態、「**自然**」としての自己愛（amour de soi）について論じました。ルソーの「自己愛」は、自分だけに関わる純粋な状態の情念であり、他人や社会と関わらないため、善でも悪でもありません。ただ青年期になると、「自己愛」は他人との交流により利己愛へ必然的に移行していくとルソーは考えました。利己愛には「虚栄心」「高慢」「傲慢」といった悪しき情念も入り込むため、他人と適切な関係を結ぶことで自己愛の純粋状態を保ち、「誇り」「自尊」「秩序」「真・善・美への愛」へと発展させなければならず、その際には、普遍的秩序や正義を愛し求める「良心」の「内的な声」（voix intérieure）を聞く必要があるとルソーは論じました。ルソーによれば、内なる「良心」の声に従って行動する時、人間は自律した徳のある人間、すなわち「有徳人」になるのです（坂倉 1998, 154-155, 162-163, 177頁）。ルソーの著書『エミール』に、「万物をつくる者の手をはなれるときすべてはよいものであるが、人間の手にうつるとすべてが悪くなる」（ルソー 1962, 27頁）とあるように、ルソーは失われた根源的な人間の善性について論じました。ルソーは人々に内なる声を聞くことを説き、当時の（ルソーの考えでは）虚栄に満ち堕落した自己のあり方を正そうとしたのです。

4. カントにおける理性と道徳

　イマヌエル・カント（Kant, I.）は、それまで、人間の内面にあるとされてきた主体（カントにおける主観）を実体としてではなく、ものごとを〈わたし〉の経験として統一する、人間の知性の働きとしてとらえました。とはいえ、ものごとの全体性や完全性を推論する本性をもった理性がこの知性の働きを統御するとされます（カント 2011, 4 73-74 頁）。そのため、理性は「完璧な人間性」の理念を生み出し、さらにその理念によって知性が規定され、私たちは原型としての「完璧な人間」の理想を思い描くことができるというのです。そしてこのような理想が、私たちに「いかに生きるべきか」という明確な指針を与えるとカントは論じました（カント 2011, 6 19-24 頁）。カントによれば、人間が正しい行為

をする基準（**道徳法則**）は経験から得られるものではなく、理性があれば必ず道徳法則に至るとされます。したがってそれは、端的に「〜せよ」と命じる**定言命法**の形を取るのです（カント 2012, 7 178-180 頁）。

　前項でみたように、18 世紀において幸福であることはすなわち善であると考えられていました。しかし、幸福を追求することが必ずしも道徳法則と一致するとはいえないため、カントは幸福と道徳を峻別しました。ただし、人間には「こうありたい」「こうあるべき」という自由意志があり、その自由意志は経験的に幸福を目標とします。しかし、人間が自由意志によって幸福という目標のために理性を使う時、「*汝が幸福になるに値することをなせ*」（上掲書, 183頁）という道徳法則をみずからに責務として課すため、幸福追求と道徳法則を一致させることが可能になるとカントは考えました。

　このように、カントは、「**最高善**」、つまり、人間がみずからの理性を用いて自己中心的な欲求や感情を克服し、進んで道徳法則に従い行動するという理念を論じました。また、人間は理性的存在者であると述べ、その「**人格**」はみずからの行為に責任を負うことができる主体でなければならないとも論じたのです。

第2節　世界に位置づく自己

1. ハイデガーの「現存在」と存在の固有性

　20 世紀に入ると、前節で述べたような自己や主体の絶対的な普遍性は厳しく批判されることになります。ドイツの哲学者マルティン・ハイデガー（Heidegger, M.）は、自己や主体についての考え方を留保し、私たちの存在自体を問わなければならないと考えました。ハイデガーによれば、人間や自己、主体という言葉を用いて語ることは、私たち以外の存在、たとえば神を参照点にして考えられている点で、私たち自身の存在のあり様から隔たっているのです（ハイデガー 2003, Ⅰ 9 頁）。現代において私たちは存在を問うことを忘却している——このことをハイデガーは深刻な問題としました。ハイデガーは「存在問題において問いかけられているものは存在者自身である」（上掲書, 18 頁）と述

べ、私たち存在者を、自己や主体ではなく「**現存在**」という言葉で表現しました。

　また、ハイデガーは、私たちと世界の関係性が誤ってとらえられてきたと批判し、「現存在は、現存在が差しあたって閉じこめられているおのれの内面圏域からまず出てゆくのではけっしてなく、おのれの第一次的な存在様式から言って、つねに「外部」に存在している」（上掲書, 159頁）と述べました。つまり、私たちは内面から世界を切り離して眺めているのではなく、「**世界内存在**」として「世界のもとで住んでいる」（上掲書, 139頁）のです。私たちは、自分を取りまく環境に、またあらかじめ背後に存在する意味ネットワークに否応なく投げ入れられており、そこには他者もともに住んでいるのだ、そうハイデガーは論じたのです。

　ただし、日常生活において、私たちはどのように存在しうるかを忘却しているとされます。私たちは既存の規範や尺度に疑問をもつこともなく、日常生活をスムーズに送るために「そういうものだから」と逆に既存の規範や尺度を強化し、責任を放棄してしまいがちです。このような存在のあり様は道徳性を欠いている、とハイデガーは主張しました（上掲書, 333頁）。私たちが存在の固有性を取り戻すには、死と関わりながら生きているという単純な事実を認めることが契機になるとハイデガーは述べています（ハイデガー 2003, II 307-308頁）。自分の死を誰かに代わってもらうことは不可能であり、ここに自分自身で規範や尺度を設定する可能性が開かれます。ハイデガーの論に即せば、日常的な自己のあり様から、自分にしかなれない固有な自己存在へ変容すること、それが責任を引き受ける道徳的な存在としての、私たち自身のあり様といえるでしょう。

2. フーコーによる主体の歴史的考察と主体化批判

　ハイデガー同様、絶対的で普遍的な自己や主体とされるものについて徹底的に問い直したのがミシェル・フーコー（Foucault, M.）です。フーコーは、人間がいかに「主体」となってきたか、古代から近代までの主体に対する認識を分析することにより明らかにしました。たとえば、フーコーは、『監獄の誕生』

で修道院、矯正施設、学校などの社会機構を歴史的に分析し、自律的な主体が17世紀以降権力装置によって生み出されたことを明らかにしました。フーコーが取り上げた権力装置の1つは、ジェレミー・ベンサム（Bentham, J.）が考案した監獄の一望監視装置（panopticon）です。一望監視装置とは、監獄の独房を円形に配置し、中央に監視者がいる監獄のシステムです。独房にいる囚人は、いつ監視者に見られているかわからないため常に自分の行動に気をつけるようになり、ついには、監視者がいなくとも、自分で自分を監視するようになります。このように、権力者が権力装置を通して人間の身体を制約（規律・訓練）することにより、対象となる人間は内面から権力に従属し、その結果、自律的になるのです（フーコー 1977, 226-241 頁）。このように、フーコーは自然ではなく人為的に構成（**主体化**）されたものとして「主体」を論じたのです。

　さらにフーコーは、自己認識によって自己が変容することにも着目し、古代ギリシャで「汝自身を知れ」という言葉とともに、真理に至るために必要とされた「**自己への配慮**」（souci de soi-même）という観念について論じました。この「自己への配慮」とは、自己中心的になることでも自己に引きこもることでもありません。むしろそれは、「探求、実践および経験の総体」である霊的修練（精神生活）を伴う思考の形式です。ここでは「主体は自らを修正し、自らに変形を加え、場所を変え、ある意味で、そしてある程度、自分自身とは別のものにならなくてはならない」（フーコー 2004, 19 頁）とされます。この真理に至るために必要とされた「自己への配慮」というあり方は、デカルトにおける「私」のようなあらかじめ真理を知る主体とはまったく異なります。フーコーは、主体化に抵抗する自己形成の契機として「自己への配慮」をとらえていたと考えられます。

3. テーラーの「自分らしさ」という真正性

　チャールズ・テーラー（Taylor, C.）も、歴史や社会、周囲の人々から自分を切り離し、自分の内なる声を聞くことによって自己を見出そうとすることは、人間の生き方として誤っていると批判しています（テーラー 2023, 55-56 頁）。またテーラーは、自己というものが権力によって作られたものにすぎないとし

て、自己を解体し無に帰してしまう論じ方も間違いであると述べています（上掲書, 113-114頁）。テーラーによれば、人間の生とは「元来、対話的な性質のもの」であり、私たちは自分にとって身近で重要な意味をもつ他者とのやりとりを通じて、みずからを定義する「言語」——ここでいう「言語」とは広く表現形式一般のことを指しています——を手に入れています（上掲書, 59-60頁）。そして私たちは、重要な他者が実際に存在するかどうかにかかわらず、彼らとの（時には闘いにもなる）対話を一生を通じて行いながら、自己を形づくっていくのだとテーラーは考えます。テーラーが主張する自己のあり方である「**自分らしさ**」（Authenticity）には、私たちがすでに位置づく歴史や社会、そしてともに生きている人々があらかじめ組み込まれています。テーラーは、人間には一人ひとり権利があり、自由であるという「普遍的な理念」が、一方で私たちをバラバラにし、個人に自己責任を負わせることに力を貸していることを思想史的に明らかにしています。個人主義に基づく巨大な官僚機構や強力な資本主義経済のなかで生きていると、私たちは自分のことだけに精一杯になってしまい道徳的に考えることや道徳的に生きることが難しくなってしまいます。テーラーは「自分らしさ」を問うことで、個人主義が浸透した現代において私たちがいかに善くあることができるかを示しているといえるでしょう。テーラーの論をふまえれば、私たちは重要な他者の言葉によって、いかに世界にあるべきか、すでに求められています。この求めにどう応答していくか、私たちがともに生きている世界にどう位置づけていくのか、そう問うことによってはじめて、自分にしかできない道徳的なあり方、すなわち、まさに私たちの「自分らしさ」が形成されていくといえるでしょう。

第3節　実践に向けて——「自分らしさ」をとらえ返す

　本章では、自己に関わる思想について時代を追って見てきました。自己に関する思想には大きく2つの流れがあるといっていいでしょう。1つは、デカルト、ロック、ルソー、カントの思想のように、「人間」という普遍的な自己を

措定する思想。いま1つは、ハイデガー、フーコー、テーラーの思想のように、世界や他者と関係しつつ固有な自己のあり方を問う思想です。

　本章で見てきた自己に関する思想をふまえると、まず「確固とした自分がある」と考えること自体がきわめて難しくなってきます。なぜなら、今「私」だと思っている自分は他者からもたらされたものだとも、他者に対する応答だともいえるからです。したがって、他者を自分から切り離し、対象としてとらえるような主体は、最初から成り立ちません。自分であろうとすること、主体であろうとすることは、実際の自分のあり様から離れていくことだといえるでしょう。

　では、自分であるとはいったいどういうことでしょうか。それは、他者やものごととの関わりを重ねながらそのつど立ち現れてくるものと考えられます。いうなれば、輪郭がぼんやりした暫定的な「じぶん」です。この「じぶん」は、現れている時にはわからず、ただ事後的に確認することしかできません。つまり、自己は他者やものごととのあいだで生まれ、常に変化していると考えることができます。ですから、どんな「じぶん」が現れるかは、その時になってみないと自分でもわからないのです。

　しかし、「じぶん」というものがそのように不確かでぼんやりとしたものだとすると、子どもたちが「じぶん」について考え、議論することにそもそも意義などあるのだろうかと考える人もいるでしょう。では、こう考えてみるのはどうでしょう。子どもたちは、日々考え、感じ、行動しています。ですから、子どもの内面だけを取り上げるより、子どもが普段周囲とどのように関係しているかを検討する方が、子どもの「じぶん」を確認することになるでしょう。そして、その「じぶん」のあり様は、ほかでもないその子らしさを示すものでもあるでしょう。ただ、あなたがある子どもについて「○○な子だ」と思った場合、その子を「○○な子」にしているのは、実はあなたかもしれません。その可能性にも留意しておく必要があります。

　さらに、善についても上記と同様の検討を通して考えることができます。ある事象に対して、「善い」「悪い」とされている判断を普遍的なものとして教え

るより、その判断自体を問うのです。「善い／悪いという考えはどこから来たのか」、「誰にとって善いのか／悪いのか」など、善悪の判断を取りまく関係性を問うことによって、その事象に対する現在の「じぶん」のあり様が現れてくるでしょう。最初みなさんに３つの問いについて考えてもらいましたが、それは、その問いによってあなた自身の「じぶん」を象ってほしかったからです。

　さて、以上のように考えてみると、道徳教育とは、子どももおとなも、ものごとと自分の関係性を問うことによって「じぶんらしさ」をとらえ返す営みだと考えることができるのではないでしょうか。

（片桐　由美子）

演 習 問 題

　「みんなちがってみんないい」という言葉が日常的に使われることがあります。この言葉で表現されている姿勢と本章で述べた「じぶんらしさ」というあり方は同じでしょうか。違うでしょうか。あなたの考えを説明してみましょう。また、「じぶんらしさ」が求められる具体的な例をあげてみましょう。

【引 用 文 献】

デカルト，R.（2001）野田又夫・井上庄七・水野和久・神野慧一郎訳『方法序説ほか』中央公論新社.

フーコー，M.（1977）田村俶訳『監獄の誕生——監視と処罰』新潮社.

フーコー，M.（2004）廣瀬浩司・原和之訳『主体の解釈学——コレージュ・ド・フランス講義 1981-1982 年度』筑摩書房.

ハイデガー，M.（2003）原佑・渡邊二郎訳『存在と時間　Ⅰ・Ⅱ・Ⅲ』中央公論新社.

カント，I.（2010-2012）中山元訳『純粋理性批判　1-7』光文社.

ロック，J.（1980）大槻春彦訳「人間知性論」『ロック　ヒューム』世界の名著 32　中央公論社.

ルソー，J.-J.（1962, 1963, 1964）今野一雄訳『エミール　上・中・下』岩波書店.

坂倉裕治（1998）『ルソーの教育思想——利己的情念の問題をめぐって』風間書房.

田中智司（2017）「主体」『教育思想事典　増補改訂版』勁草書房，409-412 頁.

テイラー，C.（2023）田中智彦訳『〈ほんもの〉という倫理——近代とその不安』筑摩書房.

10 子どもたちは道徳科で
何を学ぶのか？

「主として人との関わりに関すること」について

　子どもたちは家庭や学校などあらゆる生活の場面で、さまざまな人と関わりあいながら生きています。「学習指導要領」で示された道徳科の視点B「主として人との関わりに関すること」には、そうした人との関わりについて学ぶ内容が学年・学校段階ごとに具体的な形で示されています。たとえば、小学校低学年で「親切、思いやり」の内容を扱う場合、「身近にいる人に温かい心で接し、親切にすること」が指導内容として示されています。それでは、考え議論することをめざす道徳科において、「身近にいる人に温かい心で接し、親切にすること」を指導内容とした授業を実施する場合、子どもたちはそこで何を学ぶことを求められると思いますか。自分が受けてきた道徳の授業も思い出しながら、まずは考えてみてください。

【自分の考え】

【そのように考えた理由】

道徳科で扱う内容のうち、学習指導要領上、視点 B「主として人との関わりに関すること」に分類されるものには「親切、思いやり」「感謝」「礼儀」「友情、信頼」「相互理解、寛容」の 5 つがあります（中学校では「親切、思いやり」と「感謝」が「思いやり、感謝」としてまとめられ合計で 4 つとなっています）。また、これらそれぞれの内容について、**「道徳的価値を含む内容を、短い文章で平易に表現した」**（文部科学省 2017b, 22 頁）とされる**内容項目**が、児童・生徒の発達的特質に応じた形で学年・学校段階ごとに示されています。

　道徳科では、「学習指導要領」に示される内容項目を「手掛かり」に、児童・生徒みずからが**道徳性**を養うよう求められています（上掲書, 22 頁）。とはいえ、道徳性、道徳的価値、内容項目という三者の関係性はお世辞にもわかりやすいものとはいえません。実際、学校現場でもそれらが混同して理解され、結果的に特定の価値観を押しつける授業になっていることもしばしば見受けられます。そこでまずは、あらためて学校における道徳教育の全体をふり返り、道徳科における三者の関係性を明らかにすることから始めていきましょう。

　学校における道徳教育は、よりよく生きるための基盤となる道徳性を養うことを目標に、各教科や特別活動など学校の教育活動全体を通じて行うものとされています。したがって、道徳教育の要に位置づく道徳科もまたその目標を共有しています。具体的に小学校の道徳科の目標を見てみましょう。

> 　よりよく生きるための基盤となる道徳性を養うため、道徳的諸価値についての理解を基に、自己を見つめ、物事を多面的・多角的に考え、自己の生き方についての考えを深める学習を通して、道徳的な判断力、心情、実践意欲と態度を育てる。（文部科学省 2017a, 165 頁）

　すなわち、道徳科は、要としての教科の視点から、道徳性を構成するとされる道徳的判断力・心情・実践意欲と態度の育成をめざします。そしてそのために、道徳科では、道徳的価値の理解に基づき、多面的・多角的に考えたり自己について考えたりする学習活動を行うとされています。

それでは内容項目はどのように位置づくのでしょうか。先述した通り、内容項目は「道徳的価値を含む内容を、短い文章で平易に表現したもの」として定義されています。ここから、児童・生徒が道徳性を養うために道徳科の学習において理解すべき道徳的価値が内容項目に含まれているということができます。

　たとえば、小学校低学年の「友情、信頼」に関する内容項目を見てみましょう。そこには「友達と仲よくし、助け合うこと」（文部科学省 2017a, 167 頁）とあります。それではその内容項目を扱う道徳科の学習で子どもたちは何を理解することを求められると思いますか。「友達と仲よくし、助け合うこと」と答える人も多いでしょう。しかし、それは誤りです。子どもたちに求められるのは「友達と仲よくし、助け合うこと」に含まれる道徳的価値、つまり〈なぜ友達と仲よくし、助け合わなければならないのか〉という問いへの答えとなるような多様な価値を理解することなのです。内容項目はそこに含まれる道徳的価値を子どもたちが理解するための題材にすぎません。この点を混同しないことが道徳科ではとくに重要となります。

　くり返しになりますが、道徳科の授業において子どもたちに求められているのは道徳的価値の理解であり、内容項目の理解ではありません。しかし、内容項目もまた道徳的価値を含むものであるため、それ自体を道徳的価値として扱うこともできてしまいます。先の例でいえば、「友達と仲よくし、助け合うこと」を道徳科で子どもたちに理解させる対象にしてしまうこともできるのです。

　すると、その授業はどのようなものになるでしょうか。本来は〈題材〉であるべき「友達と仲よくし、助け合うこと」が「友達と仲よくし、助け合うことの理解」として学習〈活動〉のなかに位置づけられ、その理解を学習〈目標〉とする授業になってしまわないでしょうか。それは結果として、子どもたちに特定の価値観を押しつけたり、言われるままに行動するよう指導したりする余地を授業に与えることになります。「小学校学習指導要領解説」にも明示されるように、そうした一方的な授業のあり方は「道徳教育の目指す方向の対極にあるもの」（文部科学省 2017b, 16 頁）といわねばなりません。逆にいえば、内容項目から距離を取り、〈なぜ友達と仲よくし、助け合わなければならないのか〉

というメタレベルから内容項目を理解することで、子どもたちは物事を多面的・多角的に考えたり、自己について考えたりする学習活動に取り組むことができるようになり、よりよく生きるために自分がどうあるべきかをみずから考えることができるのです。

　以上、道徳教育の全体をふり返ることで、道徳科における道徳性と道徳的価値と内容項目の関係性について見てきました。それは、道徳性を養うために（目標）、内容項目を題材として（方法）、子どもたちはそこに含まれる道徳的価値（内容）を理解するという目標―方法―内容の関係性としてとらえることができるでしょう。そして、方法に位置する内容項目が内容に位置づく時、それが学習目標にもなってしまう可能性が開け、結果的に道徳教育のめざす方向とは対極にあるものを授業内に呼び込んでしまうことになるのです。

 ## 第2節　道徳的価値の理解とは

　道徳科の授業を展開する上で、内容項目それ自体の理解ではなく、そこに含まれる道徳的価値の理解が重要であることは先に指摘しました。それでは道徳科で子どもたちが行うとされる道徳的価値の理解、すなわち内容項目をメタレベルから理解するとは具体的にどうすることなのでしょうか。

　「小学校学習指導要領解説」では、道徳的価値の理解が「**価値理解**」「**人間理解**」「**他者理解**」という3つの理解として説明されています（上掲書, 18頁）。「価値理解」とは「内容項目を、人間としてよりよく生きる上で大切なことであると理解すること」、「人間理解」とは「道徳的価値は大切であってもなかなか実現することができない人間の弱さなども理解すること」、「他者理解」とは「道徳的価値を実現したり、実現できなかったりする場合の感じ方、考え方は一つではない、多様であるということを前提として理解すること」としてそれぞれ定義されています。これらをまとめると、道徳的価値が実現できなかったり、たとえそれが実現した場合であってもそのことに対するとらえ方が人によって異なったりすることを理解した上で、内容項目を大切なこととして理解す

る過程が道徳的価値の理解であるということになります。

　しかし、「小学校学習指導要領解説」による定義には致命的な欠陥があります。それは「価値理解」が内容項目それ自体の理解として解釈される可能性をもつ定義になってしまっているということです。つまり、「小学校学習指導要領解説」自体が道徳的価値の理解と内容項目の理解との混同を誘発しているのです。実際、価値理解を内容項目の理解として解釈している事例は学校現場でもしばしば見られます。

　したがって、私は道徳的価値の理解を構成するとされる３つの理解のうち、「価値理解」を「項目理解」と呼び直し、その定義を「内容項目を大切だと考えられていることを理解すること」ではなく「内容項目が大切なことであると考えられていると理解すること」としてとらえ直すべきであると考えています。それにより、道徳的価値の理解もまた、内容項目が大切なことであると考えられていることを理解した上で、それが実現されない場面が実際には存在していることを理解する過程としてとらえ直すことができます。さらには、道徳的価値が実現されているか否かにかかわらず場面そのものに対するとらえ方が人によって異なることを理解する過程として道徳的価値の理解を整理し直すこともできます。換言すれば、内容項目をメタレベルから理解するとは、内容項目に記された、道徳的に当たり前とされていることがらを手がかりとして道徳的価値の理解を深めていく過程を指すのです。

　「小学校学習指導要領解説」も指摘するように（上掲書, 79頁）、学校生活においては、相反する道徳的価値について、どちらか一方の選択が求められる場面も数多く存在します。また、そうした場面では、答えが１つではなく正解が存在しないこともよくあります。子どもたちは日々、道徳的に当たり前とされることがらが実現されていない場面に遭遇し、その場面に対して多様なとらえ方が存在することを実感しているのです。道徳的価値の理解とは、そうした子どもたちが日々直面している事態に対して理解を深めることにほかなりません。

　以上をふまえれば、視点Ｂ「主として人との関わりに関すること」の内容が、道徳的価値の理解を深めていく学習の導入としてもっとも適切であるとも

いえるでしょう。視点Bは「自己を人との関わりにおいて捉え、望ましい人間関係の構築を図ることに関するもの」（上掲書, 23頁）と定義づけられています。子どもたちは日頃から家族や友だち・地域の方々や先生たちとともに暮らしています。そのなかで、望ましいとされる道徳的価値を見聞きし、時には見聞きした道徳的価値と異なる状況に自分が置かれていることを経験しているはずです。たとえば、友だちと仲よくしなさいと言われているものの、どうしても仲よくできないという場面もあるでしょう。こうした子どもたちの日常生活と結びつけながら道徳科の学習を進めることで、子どもたちは道徳的価値の理解を深める過程そのものを理解し、その後の道徳科における学習にもその理解が役立つことになるはずです。

　そこで以下では、実際に行われた道徳科の授業を取り上げ、児童生徒による道徳的価値の理解を授業のなかでどのように深めていけばよいのかについて見ていくことにしましょう。

第3節　道徳的価値の理解を深める授業——『はしのうえのおおかみ』を例に

　『はしのうえのおおかみ』（作：奈街三郎）の物語は、2023年度検定教科書の8冊すべてに収録されている資料です。内容項目（6）「身近にいる人に温かい心で接し、親切にすること」【親切、思いやり】や内容項目（9）「友達と仲よくし、助け合うこと」【友情、信頼】に対応する資料として収録され、すべての教科書で第1学年に配当されています。その物語はおおよそ次の通りです。

　　ウサギが一本橋を渡っていると、反対側からオオカミがやってきました。すると、オオカミが怖い顔で「こら、こら、戻れ、戻れ。俺が先に渡るんだ」と怒鳴り、ウサギはびっくりして引き返していきました。「えへん、えへん」と言い、オオカミはこのいじわるがとてもおもしろくなりました。

　　それからというもの、キツネが来ても、タヌキが来ても、オオカミは「こら、こら、戻れ、戻れ」と言って、動物たちを追い返していました。

　　ある日、大きなクマが橋を渡ってきました。オオカミは慌てて「私が戻りま

す」と言いました。しかし、クマは手を振って、「ほら、こうすればいいのさ」と言い、オオカミを抱き上げ、自分の後ろにそっとおろしました。オオカミはクマの後ろ姿をいつまでも見送っていました。
　　次の日、オオカミは橋の上でウサギに会いました。ウサギは慌てて戻ろうとしますが、オオカミは優しく呼びとめ、ウサギを抱き上げ、後ろにそっとおろしました。オオカミはなぜか、前よりずっといい気持ちでした。

　この資料を教材とした授業として、ここでは文部科学省が道徳科の全面実施に伴い開設したWebサイト「道徳教育アーカイブ」に掲載されている授業（主題名「やさしくすると」）を取り上げてみたいと思います。「文部科学省　道徳教育アーカイブ」と検索し、みなさんもぜひアクセスしてみてください（図11-1参照）。

　この授業は「親切な行為は、相手をうれしい気持ちにさせるだけでなく、自分もうれしい気持ちになることに気付き、身近な人に温かい心をもってやさしく接しようとする態度を育てる」ことをねらいとし、内容項目「身近にいる人に温かい心で接し、親切にすること」を扱う授業として設定されています。具体的には、子どもたちによる役割演技を取り入れながら、3つの問いを中心に授業を展開することで授業のねらいが達成されるよう工夫されています。

　この授業には授業作りの参考になる工夫が多くあります。とりわけ、授業を構成する主な問いが「広げる問い」と「深める問い」に分類され、子どもたちが自分の考えを広げた上で道徳的価値の理解を深める機会を設けていることはみなさんが授業を作る上でも大いに参考となるでしょう。

　とはいえ、前節までの内容をふまえるならば、この授業に根本的な問題があることにみなさんはすぐ気づくはずです。たとえば、「つかむ」段階に着目してみてください。それは「親切についての価値理解を深める」段階として設定されています。つまり、この授業に存在する根本的問題とは、道徳的価値の理解を内容項目の理解と混同し、授業内で「親切にすることに含まれる道徳的価値」ではなく「親切にすることの価値」に迫っていることにあります。

　その結果、「つかむ」段階で「人にやさしくできる自分を見つけよう」が本

6 展開

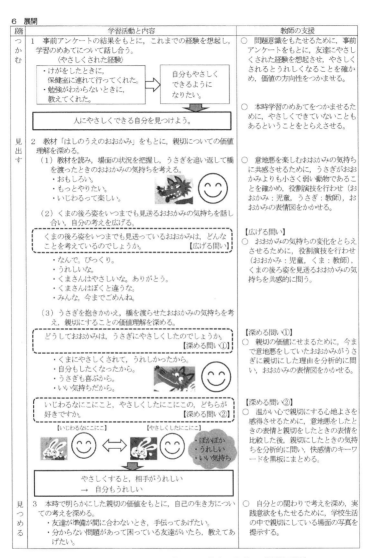

段階	学習活動と内容	教師の支援
つかむ	1 事前アンケートの結果をもとに，これまでの経験を想起し，学習のめあてについて話し合う。 〈やさしくされた経験〉 ・けがをしたときに，保健室に連れて行ってくれた。 ・勉強がわからないときに，教えてくれた。 ⇒ 自分もやさしくできるようになりたい。 人にやさしくできる自分を見つけよう。	○ 問題意識をもたせるために，事前アンケートをもとに，友達にやさしくされた経験を想起させ，やさしくされるとうれしくなることを確かめ，価値の方向性をつかませる。 ○ 本時学習のめあてをつかませるために，やさしくできていないこともあるということをとらえさせる。
見出す	2 教材「はしのうえのおおかみ」をもとに，親切についての価値理解を深める。 （1）教材を読み，場面の状況を把握し，うさぎを追い返して橋を渡ったときのおおかみの気持ちを考える。 ・おもしろい。 ・もっとやりたい。 ・いじわるって楽しい。 （2）くまの後ろ姿をいつまでも見送るおおかみの気持ちを話し合い，自分の考えを広げる。 くまの後ろ姿をいつまでも見送っているおおかみは，どんなことを考えているのでしょうか。　　　　　【広げる問い】 ・なんで。びっくり。 ・うれしいな。 ・くまさんはやさしいな。ありがとう。 ・くまさんはぼくと違うな。 ・みんな，今までごめんね。 （3）うさぎを抱きかかえ，橋を渡らせたおおかみの気持ちを考え，親切にすることの価値理解を深める。 どうしておおかみは，うさぎにやさしくしたのでしょうか。　　　　　【深める問い①】 ・くまにやさしくされて，うれしかったから。 ・自分もしたくなったから。 ・うさぎも喜ぶから。 ・いい気持ちだから。 いじわるなにこにこと，やさしくしたにこにこの，どちらが好きですか。　　　　　【深める問い②】 【いじわるなにこにこ】　【やさしくしたにこにこ】　ぽかぽかうれしいいい気持ち やさしくすると，相手がうれしい → 自分もうれしい	○ 意地悪を楽しむおおかみの気持ちに共感させるために，うさぎがおおかみよりも小さく弱い動物であることを確かめ，役割演技を行わせ（おおかみ：児童，うさぎ：教師），おおかみの表情図をかかせる。 【広げる問い】 ○ おおかみの気持ちの変化をとらえさせるために，役割演技を行わせ（おおかみ：児童，くま：教師），くまの後ろ姿を見送るおおかみの気持ちを共感的に問う。 【深める問い①】 ○ 親切の価値にせまるために，今まで意地悪をしていたおおかみがうさぎに親切にした理由を分析的に問い，おおかみの表情図をかかせる。 【深める問い②】 ○ 温かい心で親切にする心地よさを感得させるために，意地悪をしたときの表情と親切をしたときの表情を比較した後，親切にしたときの気持ちを分析的に問い，快感情のキーワードを黒板にまとめる。
見つめる	3 本時で明らかにした親切の価値をもとに，自己の生き方について考えを深める。 ・友達が準備が間に合わないとき，手伝ってあげたい。 ・分からない問題があって困っている友達がいたら，教えてあげたい。	○ 自分との関わりで考えを深め，実践意欲をもたせるために，学校生活の中で親切にしている場面の写真を提示する。

図 11-1 「道徳科（主題名「やさしくすると」）の授業展開」

（文部科学省「道徳教育アーカイブ」より一部抜粋、https://doutoku.mext.go.jp/pdf/practicalcase_126.pdf、2023 年 12 月 20 日確認）

時のめあてとして提示されているように、結局のところこの授業は身近な人にやさしく接するという価値観を子どもたちに押しつけることになってしまっています。ただし、この授業ではこのことが見えにくくなってもいます。その理由は、「いじわるなにこにこ」と「やさしくしたにこにこ」を対比させることで、やさしい行為をするわけを自分のうれしい気持ちに見出すという**心情主義道徳教育**が実践されているためです。心情主義道徳教育とは「道徳的認識や判断力を身につけることよりも、意欲や自覚を高めたり、意思力や集中力や自己抑制力を鍛えたりする」（松下 2002, 147 頁）教育のことを指します。この心情主義道徳教育を取り入れることで、この授業では道徳的価値の理解と内容項目の理解を混同したことによる弊害が見えにくくなっているのです。

　それではこの教材の場合、「身近にいる人に温かい心で接し、親切にすること」という内容項目に含まれる道徳的価値の理解をどういった形で具体的に展開すればよいでしょうか。たとえば、「見出す」段階の焦点を最後の場面にしぼり、次の 3 つの問いで構成することが考えられるでしょう。

　まず、「広げる問い」として「どうしてオオカミはウサギを抱き上げ、後ろにそっとおろしたのでしょうか」と発問し、オオカミがその行為に至った理由を問います。その後、「深める問い①」として「オオカミに抱き上げられ、後ろにそっとおろされた時、ウサギはどんなことを考えたでしょうか」と発問し、ウサギの立場からオオカミの行為がどう見えるかについて問います。その後、「深める問い②」として「オオカミはやさしいと言えるでしょうか」と発問し、オオカミがウサギを抱き上げる行為がやさしい行為といえるかどうかについて子どもたちにグループなどで考え議論をしてもらいます。

　この授業展開のポイントは、「深める問い①」にあります。これまでいじわるをしてきたオオカミに突然抱き上げられた時、ウサギはどのように感じるでしょうか。橋を渡ることができてうれしい気持ちになったかもしれません。しかし、オオカミの突然の変わり様に、ウサギはオオカミを不気味に思ったかもしれません。あるいは、もっと酷いいじわるがこの先に待っているのではと警戒したかもしれません。この問いのねらいは、抱き上げて後ろにそっとおろす

というオオカミの行為に対して、その意図が何であるかにかかわらず、ウサギにも多様なとらえ方ができることを子どもたちに気づかせることにあります。

　「広げる問い」と「深める問い①」を通して、子どもたちからオオカミとウサギ双方の多様な考え方が出てくることでしょう。その後、それらの意見を参考にしつつ、「深める問い②」において、子どもたちはオオカミの行為がどのような時にやさしい行為といえるようになるのかについて考え議論します。それによって、子どもたちは同じ行為であってもそれをやさしいといえない場合もあることを理解し、やさしいといえる行為には何が必要かを考えることを通して、親切に含まれる道徳的価値に迫っていくことをめざします。

　以上、内容項目に含まれる道徳的価値の理解を深める道徳科の展開例について述べてきました。この授業展開と先の授業展開との違いは、内容項目に関連する行為をどのようにとらえるのかにあります。先の授業では、やさしさという道徳的価値がウサギを抱き上げるという行為を引き起こしたと考えられています。他方、私の授業案ではウサギを抱き上げた行為がやさしさという道徳的価値を実現したりしなかったりすると考えます。すなわち、ある行為に道徳的価値があることを最初から当たり前と見なすのではなく、道徳的価値がその行為からいかに生じるのか／生じないのかを問うているのです。道徳的価値の理解とは、道徳的に当たり前とされている内容項目のことがらをめぐって理解を深めていく過程でした。その際、道徳的価値の実現をめぐる人・モノ・言説の結びつきに着目することは、道徳的価値の理解を促す授業展開を考える上で有効な視座といえるでしょう。

 第4節　実践に向けて──カテゴリーから運動・生成へ

　それでは最初の問いにもどってみましょう。子どもたちは道徳科で何を学ぶのでしょうか。その答えは道徳科のあり方にかかっています。道徳的価値の理解と内容項目の理解を混同した授業では、子どもたちは「身近にいる人に温かい心で接し、親切にすること」が大切だということを学ぶにとどまります。そ

れは結局のところ、特定の価値観を押しつけることにほかなりません。他方、道徳的価値の理解を深める授業では、「身近にいる人に温かい心で接し、親切にする」という行為から道徳的価値がいかに生じるのか／生じないのかを考えることにより、その道徳的価値が生成する運動のダイナミクスを学ぶのです。

　関係社会学の論者である**エミルベイヤー**（Emirbayer, M.）は、「項の間の関係を、内在する実在の間の静的な関係ではなく、展開し進行する過程として、本質的にきわめて動的なものとみる」（Emirbayer 1997, p.289）ことを「**トランザクション的思考**」と呼び、その意義について次のように述べます。

> 　トランザクション的思考はあらゆるカテゴリーに共通する物象化された本質というものに異議を申し立てる。すなわち、カテゴリーは、しばしば多元的で矛盾しているはずのアイデンティティを「全体化」し、ほかのものは一切が「逸脱」としてのみラベルづけされるような思考と行為の様式を規定し、創造的な（自己）変容の可能性を抑制する厳密な区別というものに市民権を与え、そして、でたらめな区別やカテゴリー化を構成するのに役立つ歴史的に移ろいやすい関係的基盤を拒むことなく受け入れるということである。要するに、トランザクション的思考は当たり前とされている道徳的世界を脱構築するのである。そしてその脱構築において、エリアスが認識のレベルでとくに強調した「過程の縮減」にむかう傾向をトランザクション的思考は道徳的・実践的生において攻め立てるのです。（Emirbayer 1997, 308-309 頁）

　エミルベイヤーが述べるように、道徳的世界ではあらゆるカテゴリーが物象化の本領を発揮しています。道徳科もまた同じでしょう。3 節の授業例でみたように、「親切」というカテゴリーは行為に付随する多様な思いや考えを「思いやり」に還元し、お決まりの思考と行動パターンを強制し、一風変わった親切というものを認めず、時代や文化によって異なる人と人との関係性を場当たり的に思考の前提とします。

　他方、実際に子どもたちも含め私たちが生きる世界では、「親切」と呼ばれる行為のうちにも多様な道徳的価値のせめぎあいが存在し、さまざまな方法で「親切」と呼ばれうる行為が生成してきます。この現実をとらえるべく、エミ

ルベイヤーはトランザクション的思考により道徳的世界の脱構築をめざし、私たちの道徳的・実践的生のうちに運動と生成のダイナミクスを見定めようとするのです。であるならば、道徳科においてもトランザクション的思考により私たちの道徳的・実践的生における運動と生成のダイナミクスに目を向けていく必要があるといえるでしょう。

　考え議論する道徳に求められているのは道徳を考えるための抜本的な視点の転換にほかなりません。問題解決的な学習などの導入による表面的な授業方法の転換などではなく、道徳的価値の理解をとらえる観点をカテゴリーから運動・生成へと転換させることが必要なのです。道徳の教科化にあたり、何よりもまず求められるのは教師自身が変わることなのかもしれません。

（國崎　大恩）

演 習 問 題

(1)「中学校学習指導要領解説　特別の教科 道徳編」では道徳的価値の理解がどのように定義されているかを調べ、小学校との違いについて考えてみましょう。

(2) 文部科学省のwebページ「道徳教育アーカイブ」から実践事例を1つ取り上げ、道徳的価値の理解を促す授業展開という観点からの授業改善案を考えてみましょう。

【引 用 文 献】

文部科学省（2017a）「小学校学習指導要領」.
文部科学省（2017b）「小学校学習指導要領（平成29年告示）解説 特別の教科道徳編」.
松下良平（2002）『知ることの力——心情主義の道徳教育を超えて』勁草書房.
Emirbayer, M.（1997）"Manifesto for a Relational Sociology," *American Journal of Sociology*, vol.103, no.2, pp.281-317.

どうすれば多様な人々が共生できるのか？

「主として集団や社会との関わりに関すること」について

誰でも一度は「多様性」や「共生」という言葉を耳にしたことがあるはずです。また、おそらく多くの人がこれらの語について良い／善いもの、積極的に受け入れていくべきもの、推進すべきものといったポジティブな印象を抱いているはずです。それは、とくに近年、多様性や共生の推進が唱えられるようになったからでしょう。そこで、以下の3つの質問について、あなたの考えを述べてください。①社会に多様性が見られるという場合、それはどのような状態を指すのでしょうか。②共生が実現されている社会とはどのような社会でしょうか。③社会において多様性の尊重や共生の推進が必要とされるのはなぜでしょうか。

【自分の考え】

【そのように考えた理由】

第1節　「集団や社会との関わり」について

　2021年1月の中央教育審議会答申「「**令和の日本型学校教育**」の構築を目指して」には、「多様化する子供たちに対応して個別最適な学びを実現しながら、学校の多様性と包摂性を高めることが必要」（中央教育審議会 2021, 24頁）とあります。「**多様性**」と「**包摂性**」は時に対立するものですが、本章では、これらを同時に保障するという困難な課題を達成できた状態を「**共生**」と呼ぶことにします。では、共生はどのようにして実現することができるのでしょうか。

　「中学校学習指導要領（平成29年告示）」（以下、「学習指導要領」と表記）に目を向けると、視点C「主として集団や社会との関わりに関すること」の内容項目の1つとして「［公平、公正、社会正義］正義と公正さを重んじ、誰に対しても公平に接し、差別や偏見のない社会の実現に努めること」があげられています（文部科学省 2017, 155頁）。この「差別や偏見のない社会の実現」という文言からは、多様性の保障が重視されていることがわかります。そして、これに続く項目では、「［社会参画、公共の精神］社会参画の意識と社会連帯の自覚を高め、公共の精神をもってよりよい社会の実現に努めること」と記されています（上掲書, 155頁）。この「社会連帯」という文言をも考慮すると、多様性を保障しつつ社会が連帯することが求められているといえるでしょう。さらに、そうした社会を形成する主体として想定されているのは「日本人」です。というのも、続く項目で、「［我が国の伝統と文化の尊重、国を愛する態度］優れた伝統の継承と新しい文化の創造に貢献するとともに、日本人としての自覚をもって国を愛し、国家及び社会の形成者として、その発展に努めること」とあるからです（上掲書, 155-156頁）。以上をまとめると、内容項目Cでは、多様性を保障しつつ連帯した社会の実現に努める日本人を育てることが目標とされている、ということになります。

　本章では、この目標を実現するために必要なことは何かという問いについて、「差異」「多様性」「おびえ」「つきあい」「共生」「創発的包摂」といったキーワードを手がかりに考えてみたいと思います。

第2節　個の尊重とは何を意味するのか──差異と多様性

「学習指導要領」の「総則」には、「個に応じた指導の充実」や「個々の生徒の実態」（上掲書, 25-26 頁）といった文言がみられます。それ以外にも、「学習指導要領」の各所で「個」の尊重が唱えられています。では、「個」の尊重とは何を意味するのでしょうか。「個」の尊重について語られる場合、人々のあいだに**差異**や多様性が存在していることが前提となっています。よって、個の尊重とは、さしあたり差異や多様性を尊重しようとする姿勢を指すといえそうです。

もう少し踏み込んで考えてみましょう。

まずは差異について。今日、差異や多様性を尊重すべきことは当然のことと思われています。しかし、**差異**は常に尊重されてきた（尊重される）わけではありません。歴史的にみると、差異は長いあいだ**差別**の根拠ともなってきました（高橋 2002, 22 頁）。たとえば、ある社会集団の一部がなんらかの差異を根拠にして「女性」「障害者」と名づけられカテゴリー化されると同時に、それらの対として「男性」「健常者」というカテゴリーが設定されます。これらの対のあいだの境界線は実は恣意的であいまいなものにすぎないのですが、これらの対の一方が不当な差別の対象となることがあります。とくに平等を原則（タテマエ）とする社会集団内では、**マジョリティ**に属することになる人々（「男性」「健常者」）がこのカテゴリー化を遂行・維持し、他方、**マイノリティ**（「女性」「障害者」）となってしまった人々は差別の対象にされがちです。

高橋は、このように他者に名前をつけることで生じる差異を「**理解可能な「差異」**」と呼びます（上掲書, 23-24 頁）。他方で高橋は、他者を完全に理解することはできないという前提に立ち、他者の理解不可能な部分、すなわち恣意的なカテゴリー化を許容しえない個々の「私」に注目し、この種の差異を「**理解不可能な「差異」**」と呼びます（上掲書, 24-26 頁）。たとえば、性的マイノリティが当初 LGBT と呼ばれ、さらにその後 LGBTQ＋と呼ばれるようになったことが典型的に示すように、さまざまな差異（理解不可能な差異）をもった複数の個のあいだになんらかの類似性を見出し、それを根拠にその人々をひとくくり

にしてカテゴリー化することなどそもそも不可能なのです。それどころか、そうすること自体がすでに暴力なのです。

　このように、理解可能な差異やそれに基づくカテゴリー化は、すでにそれ自体が暴力的ですし、時として差別の原因ともなります。しかし逆に、理解可能な差異やそれに基づくカテゴリー化が差別の消滅に寄与することもあります。たとえば、**障害学**や**障害者運動**は、むしろ理解可能な差異にこだわり抜くことで差別の撤廃を追求してきました。障害学や障害者運動は、障害のある「当事者」とは誰かと問い続けることで、健常者／障害者というカテゴリーが決して固定的なものではなく個人のライフサイクルや他者との関係のなかで入れ替わることや、そもそも障害学の担い手となった障害者が男性の身体障害者に偏っていることなど、健常者／障害者というカテゴリー自体ではなく、むしろその設定の仕方に問題があることを明らかにしたのです（森岡 2009, 96 頁）。このように、理解可能な差異を根拠にカテゴリー化された人々への差別を批判しその撤廃を求める人々が、このカテゴリーの解消をめざすのではなく、むしろそれをみずからの支えとすることがあるということは看過すべきではないでしょう。そもそも、こうしたカテゴリーに依拠しなければ、差別に苦しむ人々が**連帯**することはできないでしょうし、連帯することができなければ、マイノリティとマジョリティの権力関係に由来する抑圧やそれを生み出す構造を批判し、差別の撤廃と生活の改善を実現することもできないでしょう。

　「学習指導要領」で個の尊重が唱えられる場合、おそらく理解可能な差異と理解不可能な差異の両方が想定されているものと思われますが、「集団や社会との関わり」という観点から見た場合により重要なのは、差別の原因ともなりうる理解可能な差異をいかに理解し尊重するかということでしょう。というのも、個の尊重はたしかに重要だとしても、理解可能な差異と差別との結びつきへの洞察を欠いた個の尊重は、その人が社会のなかで日常的に経験している差別や抑圧の経験を見えなくしてしまうかもしれないからです（高橋 2002, 28 頁）。

　ここまで差異について述べてきましたが、多様性については、事情が幾分異なっているようです。オックスフォード英語辞典によれば、多様性（diversity）

とは「互いに大きく異なる人々や物事の広範な集まり」(Simpson, J. A., Weiner, E. S. C. 1989, pp. 887-888) のことです。このことから、多様性という語が今日のように用いられる以前から多様性は存在していたことがわかります。にもかかわらずあえて多様性という語があたかも近年発見された概念かのように用いられるのは、特定のカテゴリーでくくられた人々が抑圧され差別されている現実を多様性が尊重されていないことに起因する問題と見なし、これを克服しようとする姿勢が社会の内部で共有されるようになりつつあるからです。このことは、「差異を根拠にした差別」とはいえても、「多様性を根拠にした差別」とはいえないことからも明らかでしょう。

　差別や抑圧を解消するための具体的な実践としては、多様なマイノリティに対するさまざまな配慮をあげることができます。たとえば、学習指導要領でも、「特別な配慮を必要とする生徒への指導」として、障害のある児童生徒や日本語の習得に困難がある児童生徒などへの配慮を行うことが明示されています（文部科学省 2017, 25-27 頁）。この場合、「特別な配慮」をすることを求められているのは学校の教師ですが、社会においてはすべての人にそれが求められるでしょう。しかし、社会的にマイノリティとして位置づけられている人々の多様性を尊重するためには、このような配慮だけで十分なのでしょうか。観点を変えて考えてみましょう。

 ## 第3節　マイノリティの問題に踏み込まないことは道徳的なのか——おびえ・つきあい・共生

　仮にあなたが友人から、「実は同性愛者である」あるいは「実は摂食障害である」と**カミングアウト**されたとします。あなたはその友人に対してその後どのように接しますか。同性愛や摂食障害についてできるだけふれないようにするでしょうか、それとも、それらについて積極的に尋ねようとするでしょうか。また、なぜあなたはそうするのでしょうか。

　これらの問いについて考える時、倉石（2021）は重要な示唆を与えてくれま

す。倉石は、日本の公立高校に通う在日朝鮮人生徒についてのドキュメンタリー作品の分析を通じて、日本人が在日朝鮮人の問題にいかに向きあっているか、また向きあうべきかを考察しています。

　倉石は、在日朝鮮人のマイノリティとしての問題（たとえば通名を名乗ること）に対して日本人が一歩引いた姿勢をとる場面や、在日朝鮮人のジャーナリストが在日朝鮮人生徒に対して共感的な反応を示す場面から、日本人の視聴者が、在日朝鮮人の問題には容易にふみ込むことができない、という印象を抱く可能性を指摘しています（上掲書, 77-78頁）。このように、ある社会問題に対してそれが深刻なものであるという認識をもちつつも、「その実問題とのかかわりを切断し、問題そのものを放置するスタンス」のことを、倉石は「**おびえ**」と呼んでいます。

　先の質問に対して、カミングアウトされた内容にはなるべくふれたくないと考えた人が少なからずいると思います。それはなぜでしょうか。同性愛や摂食障害について話題にすれば友人を傷つけることになるかもしれないから、さらには自分自身も思い悩むことになるかもしれないから、という理由をあげた人もいるでしょう。自分や相手がなんらかの負の感情に苛まれることを避けるための配慮として相手が抱えている問題にふれまいとするふるまいは、一見道徳的であるようにも思えます。しかし、相手の問題に関わろうとしないおびえたふるまいを続ければ、同性愛者／摂食障害者として生きる友人のことを理解することはできないでしょう。

　おびえを克服するヒントはドキュメンタリーの別の場面にあります。卒業を目前にした生徒たちが、在日朝鮮人の通名問題を扱うホームルームを指導した教師の自宅を訪ね歓談する場面です。生徒たちは、在日朝鮮人生徒自身が名前に対する思いを吐露したホームルームの経験について、在日朝鮮人の生徒がこのクラスにいたことで彼らがどれほど苦しんでいるか知ることができて良かったという趣旨のことを述べます。しかし、ある生徒が続けて「人間としての…」と言いかけた時、教師は「いやそれは違う」と割り込みます。それに対してその生徒は「とりあえず良かったです」と無理やりまとめようとするのですが、

教師はさらに続けて、在日朝鮮人の問題はただかわいそうかどうかというものではなく、生徒たちが今後の人生で向きあわなければならないことであり、それができてはじめてホームルームが意味を成すのだと生徒たちを諭します（上掲書, 90-94 頁）。これらの場面からは、日本人である生徒たちが、在日朝鮮人の通名問題を重要なこととして認識していること、そして、この問題と取り組んだ経験を自身の成長のための 1 つの契機と考えていたことがわかります。しかし、教師は、「良かった」という言葉に生徒たちのおびえを読み取ったのです。そして、かれらが在日朝鮮人の問題にまだ十分向きあうことができていないと考え、彼らを諭したのです。この教師の言葉は、おびえを克服するためにつきあい続けなさいという生徒たちへの激励としても解釈できます。

　「つきあい」について倉石自身は、フィールドワーカーとして在日朝鮮人の青年活動に参加するなかで、その何たるかを学んだと述べています。当時大学院生だった倉石と在日の若者の違いは、単に年齢や学年の違いだけではありませんでした。倉石は、在日の若者が当然のこととしてやっているが倉石にとっては未経験の行為（車での移動やファミレスのハシゴなど）があったことを知り衝撃を受けます。しかし、それ以上に倉石を動揺させたのは、在日の若者にとっては手の届かないような難関大学に通いながら、フィールドワークという彼らには理解不能なことをしている倉石に対し、若者たちが遠慮なく好奇の目を向け、時に「一体なんでこんなこと（在日問題）やろうとおもたんですか？」と尋ねたこと、さらに、それに対して倉石自身が納得のいく回答をもちあわせていなかったことでした。それ以後倉石は、ただ在日の若者とともに過ごしているだけで動揺や気まずさを感じ続けるようになったといいます（上掲書, 84-86 頁）。その意味で、倉石が学んだつきあいとは、在日朝鮮人たちとのつきあいであると同時に、倉石自身の動揺や気まずさとのつきあいでもあったといえるでしょう。

　ところで、先に用いたカミングアウトという語は、本来、セクシュアル・マイノリティである人がみずからの性的指向を隠し、異性愛者のふりをして生きてきたことをクローゼットのなかにいることに見立てた上で、かれらがそこか

ら出てくること（come out）を意味します。つまり、カミングアウトする人は、自分の本来の姿を他者にさらし、出会い直すのです。他方で、カミングアウトされた人は、動揺や気まずさを感じつつも、カミングアウトした人に対する差別についてどう考えるのかを問われ続けることになります。倉石が在日朝鮮人の若者との活動のなかで動揺や気まずさを感じ始めたように、カミングアウトはつきあいの出発点にすぎません。むしろ、つきあいはその後も続けられるべきものです。そして、そのつきあいを続けていくことこそが「共生」の意味するところなのです。

　ドキュメンタリーや倉石自身の経験から学ぶことができるのは、まったく異なる属性や経験をもつ他者と単に共存するだけではなく、共生することができるよう、その他者とつきあい続けることが大切であるということ、そして、それがいかに困難なことかということです。多様な人々が共生するためには、衝突や葛藤を避けることはできません。衝突や葛藤はすでに共生の初期段階から始まります。ドキュメンタリーで生徒たちは、在日朝鮮人の問題と向きあおうとするにあたってさまざまな衝突や葛藤を経験しています。だからこそ生徒たちは、そうした経験を積み重ねてきたホームルームを問題解決そのものであるかのように解釈したのでしょう。しかし、ホームルームはつきあいの出発点にすぎなかったのです。在日朝鮮人の問題と本当の意味でつきあわなければならないのは、生徒たちが学校を卒業してからの人生においてなのです。

　現在の日本の学校には、外国にルーツがあったり障害をもっていたりする子どもをはじめ、さまざまなマイノリティの子どもが通っています。教室のなかに多様な子どもたちが安心して過ごせるような空間を創り出すことは教師にとって喫緊の課題です。マイノリティの子どもたちのために、それぞれのニーズに合わせて特別な配慮を提供することはもちろん必要です。しかし、教師が真に配慮すべきことは、共生を教室のなかだけで終わらせないこと、子どもたちが学校を卒業した後に多様な人々とつきあいながら生きていけるよう導くことではないでしょうか。

倉石はどうすればつきあい続けること、すなわち共生が可能になるのかについて具体的なことをほとんど述べていません。それは、つきあいが集団や社会の状況によってそれぞれ異なる仕方でなされるべきものだからでしょう。しかし、それが何を意味するかを考える上で、倉石の提起した「創発的包摂」の概念は重要なヒントを与えてくれます。

　倉石によれば、ある「**排除**」を克服しようとする「**包摂**」には、しばしば別の「排除」が伴うものです（「**包摂と排除の入れ子構造**」）。たとえば、外国籍の子どもには就学義務を課さないけれども、公立小中学校への進学を希望する場合には日本国籍の児童生徒と同様に受け入れる、という文部科学省のスタンスは、一方で国籍にかかわらず子どもを学校に受け入れることを認めながら（包摂）、他方では、外国籍の子どものニーズにあった形で教育を受ける権利を保障することを否定しています（排除）。本章の冒頭で述べたように、「学習指導要領」でも、多様性を包摂し連帯した社会の実現に努めるべきことが唱えられていますが（包摂）、その努力の主体は日本人であり、外国にルーツのある子どもはそこに含まれません（排除）。このように、多くの場合、包摂と排除は表裏一体の関係にあるのです。

　では、あらたな排除を伴わない包摂というものはありうるのでしょうか。倉石によれば、これまで包摂には２つのモデルがあったとされます。１つは、マイノリティの側に変化を求める「**適応主義的包摂**」（たとえば肢体不自由児にリハビリを施すことなど）であり、もう１つは、包摂可能な対象者の範囲を広げる「**純包摂**」（たとえば奨学金制度や就学年限の延長など）です（上掲書, 10-12 頁）。適応主義的包摂の場合、マイノリティの側は、あるがままの自己にとっての「**必要**（needs）」（上掲書, 105 頁）を放棄しなければなりません。他方、純包摂の場合、マイノリティの側は、包摂してもらえることを待ち受ける客体にとどまるため、あるがままの自己にとっての必要が満たされるとは限らず、したがって１つの包摂が別のあらたな排除を生み出すことにもなりかねません。

これらのモデルに共通する問題は、マイノリティが包摂の客体と見なされる点にあります。そこで倉石があらたに提起するのが、マイノリティの側がみずから主体となって包摂に取り組む「**創発的包摂**」というモデルです。創発的包摂の担い手となる人々は、それぞれの必要を満たすことを求めて主体的に声を上げます（「**必要の政治**」）。彼らが求める必要は時に個人の私的欲望に矮小化されてしまいますが、必要の政治の過程では、不利益を被っている人々がみずからの特殊な立場を超えて連帯し、ともにその主体となって、必要を生じさせた不平等な制度や構造の改善に向けて働きかけます。ただし、創発的包摂には、それが起こる状況に左右されるため一回的であり、意図的・計画的に生み出すことができないという難点があります（上掲書, 105-109 頁；倉石の包摂／排除概念については『実践につながる教育原理』第 7、8 章も参照のこと）。

　創発的包摂の具体例として、2018 年に英国バーミンガムの小学校において学校側と一部の保護者とのあいだで生じた性教育をめぐる対立と、その後の展開を紹介しましょう（Yamamoto 2020）。対立の焦点となったのは、小学校で使用されていた教員向け教材 *No Outsiders in Our School: Teaching the Equality Act in Primary School*（『私たちの学校によそ者はいない——小学校で教える平等法』；以下 *No Outsiders* とする）にジェンダーの平等や性的指向性、性転換、同性婚、シビル・ユニオン（法的に承認されたパートナーシップ関係）を教えるための内容が含まれていたことでした。そのため、この教材の内容と、子どもが非伝統的な家族のあり方やトランスジェンダー、LGBT の平等について学ぶことを望まない一部の保護者の主張（「必要」）とのあいだに衝突が生じたのです。教材の使用に反発した保護者たちの多くはパキスタン系イスラム教徒でした。そのためメディアは、小学校の位置する地域を「パキスタン人が多く住む」町と呼び、英国市民である保護者らをよそ者扱いし、保護者らの主張を信仰に関わる私的欲望に矮小化しようとしました。しかし他方で、性に対して保守的な価値観をもつカトリック教徒の保護者もイスラム教徒の性教育に対する懸念に共感していることが報じられ、その結果として対話が呼びかけられることになりました（上掲書, 146-149 頁）。

対立の解決に向けて採られたアプローチは、まず *No Outsiders* のプログラムに則り、対立している人々が協議を行うことでした。協議の過程では、まず保護者の側から、プログラムについて知らされはしたが協議が不十分であったとの声が上がり、学校と保護者との協働の必要が再認識されました。その後、イスラム教徒の保護者からは、LGBT とイスラム教徒コミュニティが類似した被差別経験を有することが指摘され、さらには同性愛が宗教上の理由で罪悪と見なされることがあったとしても、同性愛者を差別することは許されないという人権の観点からの提言がなされました。本来 *No Outsiders* は英国の平等法を学ぶ教材として人権を重視するものであったため、イスラム教徒の保護者からの発言は *No Outsiders* への歩み寄りであったともいえますが、この歩み寄りは強いられたものではなく主体的なものでした。こうしてバーミンガムでは、教育現場への具体的な働きかけとして、*No Outsiders for Faith Communities*（宗教コミュニティのための *No Outsiders*）が追加教材として発行されることになりました（上掲書, 155-160 頁）。この論争は未だ解決の途上にありますが、このようにして宗教コミュニティの権利と LGBT の子どもやその家族の権利の双方を尊重する形で、学校側と保護者との連携を重視しながら性教育が進められることになったのです。

　もし仮に、イスラム教徒の子どもに対して *No Outsiders* が推奨する性教育に適合するよう価値観の変更を迫ることになったとしたら、それは彼らに対する適応主義的包摂に当たります。逆に、*No Outsiders* の推奨する性教育を望まない子どもに対して *No Outsiders* に則した教育を受けることを全面的に免除すれば、それは彼らが安心して授業を受けられるような措置として純包摂となりうる一方で、性知識や英国の平等法を学ぶ機会から彼らを排除することにもなってしまいます。それに対して、バーミンガムの事例では、英国において主流をなすリベラルな価値観（マジョリティ）と、リベラルな性教育を望まない宗教的・民族的少数者の価値観（マイノリティ）との対立のなかから、一見相容れない価値観を人権の尊重という共通の観点からなんとか擦りあわせ、それぞれの立場を乗り越えて対話できるような場が生み出されたのです。そうした対

話の場の存在は、まさに創発的包摂を実現するための前提条件であるといえるでしょう。

第5節 実践に向けて──つきあいを保障する場としての学校

　道徳科の授業で視点C「主として集団や社会との関わりに関すること」を扱う場合には、この視点が独立したものではなく、むしろほかの視点と密接に、しかも動的に関わることを念頭に置く必要があるでしょう。

　自分自身の考え方や価値観（視点Aと関係）は、みずからが属する集団や社会の考え方や価値観（視点Cと関係）からの影響のもとで育まれたものです。しかし、自分とは異なる集団・社会のなかで生まれ育った身近な他者とつきあい続けること（内容項目Bと関係）がなければ、そもそも自分自身の考え方や価値観を、またそれを育んできた集団や社会のことを意識することは困難でしょう。

　ただし、自他をそれぞれ育んできた集団や社会の考え方や価値観は固定した実体などではありません。それは、自分自身の考え方や価値観に基づき集団や社会に対して働きかけることによって少しずつ、しかし確実に変化していくものです。ではそうした変化が可能になるのはなぜでしょうか。それは、異なる集団や社会のなかで生まれ育ったがゆえに、自分とは異なる考え方や価値観をもつ身近な他者たちとのつきあいが、それまでの自分自身の考え方や価値観を自覚させ、あるいは揺るがし、変更を迫ることによってでしょう。自分自身と他者とのあいだには互いに類似したところもあれば大きく異なるところもあります。しかし、バーミンガムの小学校の事例が示唆するように、とくに差異の大きな他者としんぼう強くつきあい続けることは、自分自身を、そして自分が属する集団や社会を変えていくための重要な契機となるでしょう。そして多様な子どもたちの通う学校こそは、そうしたつきあいの継続を保障しうる場でありうるはずです。

　最後に、以上の考察をふまえて、外国にルーツのある子どもに対して、居住

している地域や日本を自分の「**郷土**」や「**国**」として「愛すること」を教えることができるのか、という問いについて考えてみたいと思います。というのも、今日、そうした子どもたちに対して道徳科の授業を行うことは、もはや例外とはいえないからです。上述のように、個々人が人格という点でも、その背景をなす集団や社会という点でも異なっているのだとすれば、「学習指導要領」がいうところの郷土や国に対するまなざしもまたそれぞれ異なっているはずです。したがって、自分自身にとっての郷土や国に自分とは異なるまなざしを向けている他者に対して、その郷土や国を自分自身と同じように愛することを教えることは、特定の思想や行為を強制すること（適応主義的包摂）にもなりかねません。

　しかし、外国にルーツをもつ子どもを含む多様な子どもたちが、みずからを平等に包摂しうるような郷土や国を主体的に創り出すこと（創発的包摂）を学び実践できる機会を学校が提供できるならば、子どもたちは強制によってではなく自発的に郷土や国を愛するようになるのではないでしょうか。

（奥村（保道）　晴奈）

演 習 問 題

　あなたは中学1年生の担任をしています。学級には外国ルーツの生徒が複数おり、過去に容姿や言語、習慣など外国ルーツに関することをからかうという生徒間のトラブルが起こっています。この学級で「郷土の伝統と文化の尊重、国を愛する態度」についての授業をどのように行うか、授業内容・教材・授業の形式（講義・ディスカッションなど）など、アイデアを自由に出してみてください。

【引 用 文 献】

倉石一郎（2021）『教育福祉の社会学――〈包摂と排除〉を超えるメタ理論』明石書店.
高橋舞（2002）「『差異』概念に対する認識論的差異についての一考察――『共生教育』の体系化に

向けて」『教育方法学研究』（日本教育方法学会）第 27 号，21-30 頁.

中央教育審議会（2021）「『令和の日本型学校教育』の構築を目指して——全ての子供たちの可能性を引き出す、個別最適な学びと、協働的な学びの実現（答申）」.

森岡次郎（2009）「障害学のディスクール——解法理論の政治的意義と社会構築論のアポリア」平野正久編『教育人間学の展開』北樹出版，89-107 頁.

文部科学省（2017）「中学校学習指導要領（平成 29 年告示）」.

Yamamoto, Beverly Ann（2022）「なぜ子どもたちが知らないままでいることを望むのか？——学校で包括的性教育を実施することの困難とその解決に向けて」志水宏吉・河森正人・栗本英世・檜垣立哉・モハーチ ゲルゲイ編『共生学宣言』大阪大学出版会，141-167 頁.

Simpson, J. A., Weiner, E. S. C. (Eds.) (1987) "diversity," *The Oxford English Dictionary* (*Second Edition*). Oxford: Clarendon Press, pp. 887-888.

12 「畏敬の念」を 教えることはできるのか？

「主として生命や自然、崇高なものとの関わりに関すること」について

　みなさんは『花さき山』（齋藤隆介作・滝平二郎絵）という文学作品をご存知でしょうか。本章では、小学校３・４年生用の道徳科の教材として教科書にも登場する『花さき山』の内容を参照しながら、「**畏敬の念**」についてみなさんと一緒に考えてみたいと思います。以下のあらすじを読んで（もし可能であれば、『花さき山』の本文を読んだ上で）、３つの問いについて考えてみてください。

　　あるとき、10歳のあやは花さき山へと迷い込み、山ンばに出くわします。一面に咲きほこる花を見て驚くあやに対し、「あや、お前のあしもとにさいている赤い花、それはお前がきのうさかせた花だ」と告げる山ンば。あやの家は貧しいため、あやは、妹の晴れ着が買えるようにと自分の分を我慢しました。そのことを知っている山ンばは、「つらいのをしんぼうして、自分がやりたいことをやらないで、なみだをいっぱいためてしんぼうすると、そのやさしさと、けなげさが、こうして花になってさき出すのだ」とあやに語りかけます。山を下りた後、あやは人々に花さき山の話をしますが、誰にも信じてもらえません。あやは再び山へと向かったものの、ついに山ンばに会うことはありませんでした。

① 花さき山に咲く花は何を意味するのでしょうか。
② 花さき山の山ンばとは何者なのでしょうか。
③ みなさんはあやと似たような経験をしたことがありますか。それはどのような経験ですか。

【自分の考え】

【そのように考えた理由】

第1節 「学習指導要領」における「畏敬の念」の位置づけ ——人格形成・人間形成の基礎

　小中学校の「学習指導要領」に記された道徳科の4つの視点のうち、D「主として生命や自然、崇高なものとの関わりに関すること」の学習では、「生命の尊さ」「自然愛護」「感動、畏敬の念」「よりよく生きる喜び」に関する内容項目が取り扱われます（文部科学省 2017a, 156頁. 2017c, 169-170頁）。これらのうち、教師が苦手意識をもちやすいとされるのが「畏敬の念」です。「生命の尊さ」「自然愛護」「感動」「よりよく生きる喜び」と比べると、たしかに「畏敬の念」というのはイメージしにくいかもしれません。

　「中学校学習指導要領（平成29年告示）解説　特別の教科 道徳編」（以下「中学校道徳の解説」とする）をみると、「『畏敬』とは、『畏れる』という意味での畏怖という面と、「敬う」という意味での尊敬、尊重という面が含まれている。畏れかしこまって近づけないということである」（文部科学省 2017b, 66頁）との説明があります。さらに、「畏敬の念」について次のような記述があります。

　　人間としての自己の在り方を深く探究するとき、人間は様々な意味で有限なものであり、自然の中で生かされていることを自覚することができる。この自覚とともに、人間の力を超えたものを素直に感じ取る心が深まり、これに対する畏敬の念が芽生えてくるであろう。（上掲書66頁：傍点筆者）

　ここからは、「畏敬の念」の対象が**「人間の力を超えたもの」**であるということを読み取ることができます。つまり、「人間の力を超えたもの」に対して畏れかしこまって近づけないような経験において感じられるものが「畏敬の念」であるということになります。

　また、「中学校道徳の解説」の「第1章 総説」の「1 改訂の経緯」にも「畏敬の念」について以下のような説明があります。

　　平成25年12月の「道徳教育の充実に関する懇談会」報告では、道徳教育について「自立した一人の人間として人生を他者とともにより良く生きる人格を形成することを目指すもの」と述べられている。道徳教育においては、人間尊重

の精神と生命に対する畏敬の念を前提に、人が互いに尊重し協働して社会を形づくっていく上で共通に求められるルールやマナーを学び、規範意識などを育むとともに、人としてよりよく生きる上で大切なものとは何か、自分はどのように生きるべきかなどについて、時には悩み、葛藤しつつ、考えを深め、自らの生き方を育んでいくことが求められる。（上掲書, 1 頁；傍点筆者；「小学校学習指導要領」も同様）

　ここでは、2013（平成25）年の「道徳教育の充実に関する懇談会」にまでさかのぼって道徳教育の目的について述べた上で、「人間尊重の精神」とともに「生命に対する畏敬の念」が、子どもの人格形成・人間形成の基礎として位置づけられています。このように、道徳教育において重要な位置づけにある「畏敬の念」ですが、これまで「畏敬の念」についてどのような議論がなされてきたのでしょうか。まずは、その歴史的な背景を辿ってみましょう。

　今日の小中学校の「学習指導要領」にみられる「畏敬の念」という語の出所とされるのが、高坂正顕（1900-1969）を中心として作成された「期待される人間像」という文書です。この文書は 1966（昭和41）年の中央教育審議会の答申として発表されました。その第 2 部第 1 章の「畏敬の念をもつこと」では、つぎのように記されています。

　　すべての宗教的情操は、生命の根源に対する畏敬の念に由来する。われわれはみずから自己の生命をうんだのではない。われわれの生命の根源には父母の生命があり、民族の生命があり、人類の生命がある。ここにいう生命とは、もとより単に肉体的な生命だけをさすのではない。われわれには精神的な生命がある。このような生命の根源すなわち聖なるものに対する畏敬の念が真の宗教的情操であり、人間の尊厳と愛もそれに基づき、深い感謝の念もそこからわき、真の幸福もそれに基づく。

　　しかもそのことは、われわれに天地を通じて一貫する道があることを自覚させ、われわれに人間としての使命を悟らせる。その使命により、われわれは真に自主独立の気魄をもつことができるのである。（文部省 1966, 24-25 頁；傍点筆者）

ここで「畏敬の念」は、「生命の根源すなわち聖なるもの」に対して生じる「真の**宗教的情操**」として定義されています。また、それを基礎として、人間の尊厳や愛、感謝の念、真の幸福が、ひいては人間の使命についての悟りがもたらされるとも述べられています。

　「宗教的情操」に関する先行研究（貝塚 2009）では、高坂が「畏敬の念」の対象として「永遠絶対的なもの」、すなわち宗教的な存在を想定していたことが明らかにされています。その根拠の 1 つとされるのが、1953（昭和 28）年に天野貞祐（1884-1980）により発表された『国民実践要領』です。この作成には高坂も関わっており、このなかでは「畏敬の念」の対象が「永遠絶対的なもの」（＝宗教的存在）であると述べられています。

　「期待される人間像」と現行の「学習指導要領」とを比べてみると、両者ともに「畏敬の念」を人格形成・人間形成の基礎に置いていることがわかります。しかし他方で、**宗教性**をめぐる記述には大きな違いがみられます。第 1 に「畏敬の念」の対象です。「期待される人間像」では、「畏敬の念」の対象が「生命の根源すなわち聖なるもの」とされているのに対し、「学習指導要領」では「人間の力を超えたもの」となっています。第 2 に「畏敬の念」に関する説明です。「期待される人間像」では「畏敬の念」が「真の宗教的情操」であると説明されていますが、「学習指導要領」にはこのような宗教的表現は見当たりません。これらの違いは何を意味するのでしょうか。一見すると、「学習指導要領」では宗教との関連が解消されたようにみえますが、はたしてそうなのでしょうか。もしそうであるならば、なぜそうする必要があったのでしょうか。

 ## 第2節　「畏敬の念」と宗教性の関係──歴史から考える

　道徳教育の歴史は、戦前の**修身**教育に始まります。明治後期の学校では、「**教育勅語**（**教育ニ関スル勅語**）」が奉読され**国民道徳**が教えられていました。国民道徳とは天皇制を思想的に支える道徳体系であり、天皇制教育の柱とされま

した。そして修身科は、当時の学校教育制度において国民道徳を教える筆頭教科として重んじられていました（詳細は第4章参照）。

　同時に、国民道徳の礎とされた**国家神道**に対しても特権的な地位が与えられていました。ただし、当時の学校教育では、特定の宗教を教える**宗教教育**が禁じられており、国家神道は宗教としてではなく、宗教を超えた特別なものとして位置づけられていました。この時点では**天皇制教育**と宗教教育とは区別されていたのです。

　第一次世界大戦後の1935（昭和10）年、文部省は「宗教的情操ノ涵養ニ関スル留意事項」という通知書において、子どもたちの人格形成・人間形成にとって宗教的情操の涵養が重要であるとし、**宗教的情操教育**の推進を訴えました。その背景には、大正デモクラシー以降、社会主義思想の普及や労働運動の活発化という社会の動きに対する日本政府の警戒感があったとされます（鈴木1986）。宗教的情操教育の導入をめぐっては、当初こそ慎重な議論が交わされましたが、第二次世界大戦へと向かう時流のなか、宗教的情操教育は天皇制教育を補完するものとして位置づけられることになったのです。

　しかし、第二次世界大戦後、日本の教育は大きな転換を余儀なくされます。民主的な教育制度の確立へ向け、とりわけ宗教の取り扱いに関しては議論が重ねられました。1947（昭和22）年に制定された（旧）教育基本法の宗教教育に関する条項では、「国及び地方公共団体が設置する学校は、特定の宗教のための宗教教育その他宗教的活動をしてはならない」と記され、戦前・戦中の修身教育への反省をもとに、いわゆる**政教分離**の観点が強調されています。

　では、「期待される人間像」にみられた宗教的表現が「学習指導要領」から姿を消したことも、政教分離の観点によるものなのでしょうか。

　戦後の日本において新しい道徳教育を確立していくためには、戦前・戦中の修身教育に対する反省が最重要事項でした。そのため、天皇制教育の柱であった国民道徳、そして天皇制教育を補完するものとされた宗教的情操教育は、戦後の道徳教育から排除される必要がありました。しかし、先にふれたように、そもそも戦前・戦中においても国家神道ならびに国民道徳は、宗教教育の名の

もとで教えられていたわけではありませんでした。したがって、「学習指導要領」から宗教的表現を取り除いたからといって、それが政教分離といえるのか、ひいては戦前・戦中の修身教育を克服したことになるのかという疑問が残ります。むしろ、戦後の「学習指導要領」から宗教的表現が取り除かれたことで、私たちは戦前・戦中の修身教育を乗り越えたと思い込んでいた（いる）だけなのかもしれません。

　実はここに、戦後日本の道徳教育が抱えてきた重要な問題を垣間見ることができます。その問題とは、戦前・戦中の修身教育の克服を急ぐあまり、戦後の道徳教育の課題を政教分離へと矮小化してしまったということです。本章で議論する「畏敬の念」に関連づけていえば、政教分離の原則のもとで「学習指導要領」から宗教的表現が取り除かれたことで、かえって「畏敬の念」に対する理解不足や苦手意識が蔓延し、「畏敬の念」そのものについて踏み込んだ議論がなされぬままにとどまったともいえます。

　しかし、今日の私たちにとって必要なのは、宗教性を必要以上に警戒したり排除したりすることではなく、「畏敬の念」と宗教性とがどのように関わるのかについてしっかりと議論し、その上で、「畏敬の念」という道徳的価値の理解につながるような授業のあり方を模索していくことなのではないでしょうか。

　以下の節では、小学校の道徳科の教材としてしばしば用いられる『花さき山』を題材として、その具体的な可能性と問題点を考えてみることにします。

 第3節　「畏敬の念」の理解へと向けた授業を考える
── 『花さき山』を題材として

1.「人間の力を超えたもの」とは何か

　「畏敬の念」とは私たちが「人間の力を超えたもの」に対し抱く感情です。「人間の力を超えたもの」は、戦前・戦中の天皇と同義でもなければ、「期待される人間像」がいうところの「永遠絶対的なもの」とイコールでもありませ

ん。では、「人間の力を超えたもの」とはどのようなものなのでしょうか。

　「畏敬の念」の扱いに関する先行研究（岩田 2011）では、今日の道徳教育において重要なのは、「畏敬の念」の対象を特権づけられた特定の宗教的存在に限定する立場と、それを宗教的存在に限定せず広くとらえる立場の違いを明確にして議論を進めていくことであると述べられています。その上で、今日の道徳教育が拠るべきは後者の立場であるとの主張がなされています。「畏敬の念」の対象を特定の宗教的存在に狭く限定してしまえば、たちまち**価値観の押しつけ**につながります。それを避けるためにも、今日の実践家にとっては、「畏敬の念」の対象をより広くとらえることが必要なのです。「学習指導要領」で「人間の力を超えたもの」という表現が用いられるのは、この語が特定の宗教的存在をイメージさせるものではないからでしょう。

2. 花の美しさを人の心の美しさや気高さの象徴としてとらえる

　この点をふまえ、以下では『花さき山』を題材とした授業の可能性について考えてみたいと思います。

　まず、本章の冒頭で『花さき山』について提示した1つ目の問いについて考えてみましょう。「花さき山に咲く花は何を意味するのでしょうか」という問いに対して、みなさんはどのように回答したでしょうか。「つらいのをしんぼうして、自分がやりたいことをやらないで、なみだをいっぱいためてしんぼうすると、そのやさしさと、けなげさが、こうして花になってさき出すのだ」という山ンばの語りに注目してみましょう。この語りからは、花さき山に咲く花が、忍耐や自己犠牲の「やさしさ」や「けなげさ」を象徴していると解釈できるでしょう。

　ちなみに、「小学校学習指導要領（平成29年告示）」の「感動、畏敬の念」に関する内容項目として、第3・4学年で「美しいものや気高いものに感動する心をもつこと」、第5・6学年については「美しいものや気高いものに感動する心や人間の力を超えたものに対する畏敬の念をもつこと」（文部科学省 2017c, 170頁：傍点筆者）があげられています。『花さき山』はしばしば3・4学年用の教材

とされます。したがって、忍耐や自己犠牲のやさしさやけなげさといった〈人の心の美しさや気高さ〉を花の美しさに喩えた上で、これに「感動する」ことを通して子どもがみずからの心の動きについて掘り下げていくような授業展開は当然考えられます。

　実際、教師向けに発行される教科書の解説書にあげられている発問例——「花さき山にさく一面の花を見て、あやはどんな気持ちになったのでしょうか」「人の心のなかにあるすばらしいものや美しいものって、どんなものだろう」等——から、『花さき山』を道徳教材とする場合に〈人の心の美しさや気高さ〉を象徴するものとして花の美しさに焦点を当てるような授業展開が主流であると分析する先行研究（藤田・俵谷 2019）もあります。

　このように花の美しさを〈人の心の美しさや気高さ〉の象徴と見なす場合、一見、価値観の押しつけについて心配する必要はないようにも思えます。というのも、花を美しいと感じる気持ちであれ人の心を気高いと感じる気持ちであれ、私たちが何かに対して抱く感情は、人から強制されて生じるものではないからです。しかし、そもそも人の心を花によってたとえることは妥当なのでしょうか。また、この比喩の妥当性を前提として、花を自然に美しいと感じるように忍耐や自己犠牲の精神といった人の心もまた当然美しいと感じるものだと教えることは価値観の押しつけに当たらないのでしょうか。花はともかく少なくとも忍耐や自己犠牲の精神が美しいか否かは、あくまでも状況との関係で決まるはずです。だとすれば、忍耐や自己犠牲の精神を美しい花でたとえることにも慎重でなければならないのではないでしょうか。

3. 人の心の美しさや気高さを「畏敬の念」の対象としてとらえる

　さらに進んで——この教材が第5・6学年用の教材だったとして——、子どもたちが、花が象徴する忍耐や自己犠牲の精神に「感動する」だけでなく「畏敬の念」をも感じうることを想定し、「畏敬の念」を取り扱う授業でこの教材を使うことは可能なのでしょうか。

　この場合、つぎのような問題が考えられます。それは、忍耐や自己犠牲の精

神が、本来状況に依存する「人間の力」であるにもかかわらず、「人間の力を超えた」絶対的なものとして価値づけられてしまうという問題です。そうなれば、子どもたちに対する価値観の押しつけの危険性がいっそう高まるのではないでしょうか。というのも、「人間の力を超え」ているということは、人間の力では——したがって当然子どもの力でも——理解することも制御することもできないということを意味するからです。国家のための忍耐や自己犠牲を無条件で〈人の心の美しさや気高さ〉として讃え、さらには「畏敬の念」の対象としてきた戦前・戦中の修身教育のことを想えば、私たちはこれと同じ轍を踏まぬよう、その危険性をしっかりと意識しておかねばならないでしょう。

　こうした危険性については、道徳が教科化されるに際して、すでに多くの専門家が警鐘を鳴らしていました。2015（平成27）年の「学習指導要領」改訂により道徳が教科化されたのは、いじめ問題の深刻化がきっかけでした。歴史的にみると、社会の状況が不安定になると道徳教育に期待が集まるようです。しかし、だからこそ、対応を急いでマニュアル化された内容を闇雲に実践するのではなく、教師自身が「畏敬の念」という感情についてしっかりと考察・理解し、その道徳的価値の理解へとつながるような教育実践を積み上げていかねばならないはずです。そのためにはまず、戦前から今日に至る道徳教育の歴史をふまえた上で、「畏敬の念」を「人間の力を超えたもの」に対する感情としてとらえることの大切さを明確に意識しておくことが必要でしょう。

4.「人間の力を超えたもの」との出会いの経験から「畏敬の念」を考える

　ここまで2つの授業の可能性を考えてきましたが、さらに「人間の力を超えたもの」についての私たち自身の経験に問いかけることによってあやの感情を想像し、そこから「畏敬の念」について考えるという展開も考えられます。この場合、価値観の押しつけを避けることも可能になるかもしれません。

　まずは冒頭であげた『花さき山』に関する残り2つの問いの検討から始めましょう。

　みなさんは「花さき山の山ンばとは何者なのでしょうか」という2つ目の問

いに対して、どのように答えたでしょうか。あやの話が誰にも信じてもらえなかったことや、あやが二度と山ンばに会うことがなかったことから、山ンばが里に住む普通の人でないこと、あるいはそれどころか現実の人でないことが推察されます。そのため、「花さき山の山ンばはあやの想像力が生み出したものだ」と答えた人も多いのではないでしょうか。

　では、「みなさんはあやと似たような経験をしたことがありますか。それはどのような経験ですか」という3つ目の問いについてはどうでしょうか。「そんな経験をしたことはありません。そもそも、山ンばに会うなんて、フィクションでしょう」と思った人も多かったのではないでしょうか。

　では、子どもの頃のことをよく思い出してみてください。夜中にトイレへ行く途中に不気味な影が目の前を横切った、布団に入って天上を眺めていたら黒いシミが笑いかけてきた、かくれんぼをしている時に揺れるカーテンの端にふわふわしたものが隠れ込んだ…などなど。夢とも現^{うつつ}ともいえるような経験が1つや2つ思い出されるのではないでしょうか。

　あらためて確認しておくと、「畏敬の念」とは「人間の力を超えたもの」に出会った時の畏れかしこまって近づけないような感情のことでした。「人間の力を超えたもの」といわれると、私たちはつい崇拝の対象となるような特別な宗教的存在を思い浮かべようとしがちです。しかし、「人間の力を超えたもの」をより広い観点からとらえる立場に立つならば、それは必ずしも特別な宗教的存在である必要はありません。日頃私たちが意識していないというだけで、「人間の力を超えたもの」は私たちの身近に存在しているからです。あなたの経験のなかにある正体不明のもの——廊下の影、天井のシミ、カーテンのふくらみ——もまた、「人間の力を超えたもの」といえるのではないでしょうか。

　このような話は、科学の時代を生きる現代のおとなにとっては、突拍子もないような話、あるいは眉をひそめてしまうような話に感じられるかもしれません。しかし、「人間の力を超えたもの」を身近に感じるという経験は、近代以前の人々にとってはごく当たり前のことでした。そうした存在は、妖怪、幽霊、天使、悪魔、鬼などと呼ばれて恐れられることもありました。あるいは、

神や仏として崇拝の対象となることもありました。今日でこそ、さまざまな事象が科学によって〈説明〉されるようになりましたが、長い歴史のなかで人々は、突然の幸運や不運などの〈説明〉し難い事象を「人間の力を超えたもの」のしわざとして〈理解〉してきたのです。より正確には、そうした事象を〈**意味**〉づけ、〈理解〉した気持ちになり、束の間の慰めや希望を得ようとしてきたといった方がよいのかもしれません。というのも、人間にとって、〈説明〉し難い事象を〈理解〉できないままでいるのは耐えがたいことだからです。これは現代の人々においても違いはありません。また、こうした意味理解の試みは、〈意味〉の希求ゆえに人々の想像力から自然に発生するものです。したがって、たとえその過程を学習したとしても、意味理解そのものを押しつけられるというわけではないのです。

　このように考えると、あやが出会った花さき山の山ンばも、そして山ンばが語ったことも、あやの〈理解〉の力（人間の力）を超えたものであって、束の間の慰めや希望を与えてはくれるけれども、結局のところあやにとってよく〈理解〉できないものだったのかもしれません。しかし、「畏敬の念」という感情は、そのような山ンばやその口から語られる言葉に出会ったあやの経験のうちにこそ現れ出るのではないでしょうか。きっとあやは山ンばに出会った瞬間に恐怖を感じたことでしょう。恐怖のあまり、息がとまったり鳥肌が立ったりしたかもしれません。しかしそれと同時に、山ンばとの対話を通して慰めや希望を感じ、自然に涙を流したのかもしれません。このように両義的で、たえざる再解釈なしにはその〈意味〉を〈理解〉した気持ちになれないような事象に出会った時に感じられる、より広い意味での宗教的感情もまた「畏敬の念」と呼ぶことができるのではないでしょうか。

　このように、「畏敬の念」の対象から特別な宗教的存在という限定を取り除き、より広くとらえるならば、最初は「山ンばに会うなんて、フィクションでしょう」と思った人も、みずからの経験を掘り起こすうちに、「人間の力を超えたもの」への「畏敬の念」というものを理解する糸口を見つけることができるのではないでしょうか。

第4節　実践に向けて──複眼的まなざしの大切さ

　本章では、「畏敬の念」という概念の歴史をふまえた上で、あらためてその意味について考えてきました。さらに、『花さき山』を題材として「畏敬の念」の理解をねらいとする授業の可能性や危険性についても考えてきました。以上の考察を通して明らかになったのは、「畏敬の念」が「人間の力を超えたもの」との出会いにおいて感じられる広義の宗教的感情であること、そして、私たちはみずからの経験のうちにもそうした感情を見出すことができるということでした。

　さて、最後に次の問いについて考えてみたいと思います。「畏敬の念」へと通じる「人間の力を超えたもの」との出会いの経験は、私たちが生きる上でどのような意義をもつのでしょうか。

　すでにみなさんには「人間の力を超えたもの」との出会いについて尋ねました。そうした出会いは、おとなにはもはや不可能であり、子どもの想像力の産物にすぎないのでしょうか。それは過去のことであって、科学の時代を生きる現代人には無縁のものなのでしょうか。そうではありません。私たちが意識していないだけで、私たち一人ひとりの経験のうちには、すでに常に「人間の力を超えたもの」との出会いがあります。

　新型コロナウイルス感染症の流行により世界中が混沌とした状況にあったことは記憶に新しいところですが、現代を生きる私たちはこのような困難に直面した時、それを**科学的知識**によって克服しようと試みます。自然災害や流行病といった出来事が起こると、人間は科学的知識を総動員し、地震予測をしたりワクチンを開発したりします。しかし残念ながら、科学的知識は万能ではありません。人間の想定をはるかに超えるような困難のなかでは、科学的知識をもってしても私たちの生を十分に支えることができないのです。昨今の経験を通して私たちはこのことを強く思い知らされました。科学的知識の限界に気づかされた今こそ、私たちはみずからの**生を支える知恵**について考え直す必要があります。

「人間の力を超えたもの」との出会いの経験は、私たちにみずからのものの見方を問い直すよう迫ります。今日の道徳教育において「畏敬の念」を学ぶことの大切さは、私たち自身とそれを取りまく世界を複眼的なまなざしでとらえ、私たちの生をより豊かなものとしていくことにあるのではないでしょうか。

（上林　梓）

演 習 問 題
　「畏敬の念」へと通じる「人間の力を超えたもの」との出会いが表現されている芸術作品を探してみましょう。

【引 用 文 献】

藤田善正・俵谷好一（2019）「感動、畏敬の念を扱った道徳教材の指導のあり方」『大阪総合保育大学紀要』第 14 号，1-11 頁.

岩田文昭（2011）「国公立学校における宗教教育の現状と課題」『宗教研究』（日本宗教学会）第 85 巻 2 号，375-399 頁.

貝塚茂樹（2009）「戦後の道徳教育における「宗教的情操」の教育史的検討──教育政策の観点を中心に」『キリスト教教育論集』（日本キリスト教教育学会）第 17 号，1-14 頁.

文部省（1966）「期待される人間像」.

文部科学省（2017a）「中学校学習指導要領（平成 29 年告示）」.

文部科学省（2017b）「中学校学習指導要領（平成 29 年告示）解説　特別の教科　道徳編」.

文部科学省（2017c）「中学校学習指導要領（平成 29 年告示）」.

斎藤隆介作・滝平二郎絵（1969）「花さき山」岩崎書店.

鈴木美南子（1986）「天皇制下の国民教育と宗教──大正〜昭和期を中心にして」伊藤彌彦編『日本近代教育史再考』昭和堂，220-256 頁.

13 ねらいから外れた子どもの意見をどのように評価するか？

「授業内での子どもの評価」について

教師は、授業の当初のねらいから外れた子どもの意見をどのように評価すればよいのでしょうか。本章では、童話『ないた赤おに』の授業を例に、このことを考えます。この教材のあらすじは次の通りです。赤おには、人間と仲良くなりたかったが、人間がわけもなく自分をおそれることに悩んでいました。青おには、自分が村を襲い、君が自分を懲らしめれば、それを見た人間は君と仲良くするだろうと提案しました。計画は赤おにの合意を得ないままに実行され、その結果、赤おには人間と仲良くなれた。しかし、青おには赤おにへ、自分といれば君は悪いおにと疑われかねないから旅に出ると記した紙を残していなくなってしまいました。赤おにはそれを読んで泣きました。あなたは授業に先立ち、おに同士の友情の美しさを感じるというねらいを立てていたとします。しかし授業中、子どもから、青おにの行動に納得できないという意見が出ました。あなたはその意見をどう評価し、また授業をその後どう展開しますか。

【自分の考え】

【そのように考えた理由】

子どもに対する評価と聞いて、あなたはどのような場面を想像しますか。すぐに想像できるのは、テストに点数をつける場面や学期末に成績をつける場面ではないでしょうか。では、もう少し視野を広げてみましょう。すると、日々の授業で子どもが出した意見を黒板に書くかどうか、重要な意見として取り上げるかどうかを判断する過程にも、評価の要素が含まれていることがわかります。授業展開のなかのミクロな場面が教師による評価と不可分な関係にあることは、教育評価の分野でも指摘されてきた重要な事実です（中内 1971, 135-136 頁）。

　ミクロな場面での評価がなぜ重要なのか、例をあげて考えてみましょう。たとえば、授業中に子どもが出した意見が事前に立てていた授業のねらいから外れていると思われる時、教師はその意見にどのように対峙するでしょうか。きっと、どうすればその意見をこれまでの議論のなかに組み込めるだろうか、何かほかの意見と関係づけられそうなところはないだろうか、と考えをめぐらせることでしょう。というのも、自分の意見を授業に関係のある価値ある意見として認めてもらえなかった子どもは、次の日には意見を出すことすら控えてしまいかねないからです。であれば、何とかして子どもの意見を価値づけようとする教師の思考の背後には、その日の授業のねらいを達成することよりももっと大切にしている何かがあるはずです。

　私たちは、自分の考えをどのように受け止めてもらえるかによって、真理を知ることから遠ざかってしまうこともあれば、逆に、真理へと近づくこともあります。前者の事態を、倫理学では、聞き手の偏見ゆえに証言を信じてもらえず、ついには自分自身を罪人だと思い込んでしまうことになぞらえて、「**証言的不正義**」と呼んでいます（フリッカー 2023, 65 頁）。この時、話し手も聴き手も、本当に罪を犯したのは誰なのかを知ることから遠ざかっているわけです。一方、後者のように、聴き手の受け止め方しだいでは、話し手と聴き手の双方が真理を知ることへと近づくことも可能なはずです。ここで例示したような教師が授業のねらいよりも大切にしているもの、それはまさに真理へと接近する

ことではないでしょうか。

 ## 第2節　足し算の批判と引き算の批判

　それでは、真理への接近のために、道徳の授業ではどのような議論が求められるのでしょうか？　このことを考察するにあたって参考になるのが、B・ラトゥールが提案した「**足し算の批判**」と「**引き算の批判**」との区別です（ラトゥール 2020）。足し算の批判が人々を議論へ招集するのに対し、引き算の批判は議論への参加者を減らしてしまうとされます。

　引き算の批判の典型としてラトゥールがあげているのが陰謀論です。ラトゥールによれば陰謀論は、議論に参加する人々の共通の土台になるであろう厳然たる事実ですら悪質なイデオロギーによる偏向として否定してしまいます（上掲書, 200-201 頁）。授業のねらいから外れた意見を否定してしまうことは、まさにこの引き算の批判と同じ働きをします。それに対してラトゥールは足し算の批判の重要性を指摘しています。足し算の批判は、相異なる意見が出た場合、ただちに一方を否定せずに、異なる意見を足し算のようにつなげていきます。これを道徳の授業での議論にあてはめてみましょう。たとえば、教師のみならず子どもたちからも、「A さんの意見につけたしで」とか「A さんの意見と B さんの意見をつなげると」といった一言が出ることは、話し手と聴き手がともに真理へと向かうための大切な一歩であるはずです。

　読み物資料を扱った授業において足し算の批判を実践しようとした時、具体的にどうすればよいのでしょうか。ここで参考になるのが、文学理論です。文学理論のなかでも、本文全体を類型的に把握する**構造把握**と、語り手がどのような技法によって読者を読みに導いているのかを明らかにする**ナラトロジー**分析は、ある作品をめぐって複数の読みが生じるしくみを説明してくれます（疋田 2021, 125 頁）。これらの理論を用いて、ある作品を扱った授業のなかで、当初のねらいから外れた意見が出た時の授業展開を考えてみましょう。

　ここで取り上げる作品は、小学校中学年の道徳教材『ないた赤おに』です。

『ないた赤おに』は、童話作家である浜田廣介が1933（昭和8）年に発表した作品です。今日でも、道徳科の**視点B**「主として人との関わりに関すること」の教材として、多くの道徳の教科書に掲載されています。雑誌『道徳教育』（明治図書）でも定番教材の1つとして取り上げられ、教師によるさまざまな提案が掲載されてきました。

　ここでは、それらの提案の1つを紹介しましょう。小学校の教師である勝又明幸は、『ないた赤おに』を扱った授業実践について、友情の美しさを感じ取ろうというねらいを先に提示しないことが重要であると述べています。それはなぜでしょうか。その理由として勝又は、もし友情の美しさを感じ取ろうというねらいが先に提示されれば、みずからを犠牲にした青おにの行動は本当のやさしさといえるのかとか、どちらかが我慢して成り立つ友情などあるのか、といった意見が子どもたちから出にくくなるからだと述べています。勝又によれば、このような意見にこそ、本当のやさしさとは何だろう、友情とは何だろうと問う議論への発展材料が詰まっているのです（勝又2019, 27頁）。

　『ないた赤おに』で描かれたのがおに同士の美しい友情ではないとすれば、この作品ではいったい何が描かれているのでしょうか。以下では、実際に子どもたちから出てくるであろう意見を想像しながら、その意見の根拠をこの作品のなかに探ってみたいと思います。

第3節　『ないた赤おに』の構造把握とナラトロジー分析

1. 構 造 把 握

　まず、『ないた赤おに』の本文に描かれた青おにの行動を注意深く辿ってみましょう。青おには、人間と仲良くなれずに困っていた赤おにの前に不意に現れます。赤おにの話を聞くと、青おにはつぎのように言いました。「そんなことかい。たまに遊びに来てみれば、君は、しょっちゅうくよくよしている。そんなことなら、ぞうさなく、らちがあくんだ」（浜田1976, 32頁）。「「さあ、いこう。さっさとやろう。」青おには、立とうとしない赤おにの手をひっぱって、

せきたてました」（上掲書, 33頁）。青おには、優柔不断な赤おにをせきたてますが、「立とうとしない赤おに」とあるように、赤おには青おにの提案に最後まで納得していません。本文での青おにによる提案の中身は、青おにが村で悪役を演じ、赤おににそれを成敗してもらうというものでした。この提案について赤おには、「ふうん。うまいやりかただ。しかし、それでは、きみにたいして、すまないよ」（上掲書, 32頁）と反対しています。青おにはそれでもみずからの提案を実行に移しました。赤おにの合意を得ていない様子がたしかに本文中に描かれているため、青おにの勝手さに納得できないとする意見が出てもおかしくはありません。

　ただし、それをふまえた上で、なお、青おにを擁護する意見が出たとしたらどうでしょうか。構造把握を介せば、この意見が出る理由を本文に基づいて明らかにすることができます。構造把握とは、たとえば英雄譚や勧善懲悪譚、成長譚のように、物語全体を類型的にとらえようとする方法です（疋田 2021, 73頁）。『ないた赤おに』の構造を抽出すれば、この作品は、赤おにの前に突然現れた青おにが有無をいわさず赤おにを助け、突然立ち去るという物語です。この構造だけをふまえれば、青おにが果たした機能は、英雄譚におけるヒーローの機能と類似しています。青おには、赤おにをおそれていた人間たちに対して、「青おには悪者だが、赤おには乱暴者の青おにを成敗したやさしいおにである」という事実を突きつけました。この策によって、青おには、すべてのおにが乱暴者であるという人間たちの見方を変えようとしたわけです。その後、人間たちは赤おにの家を訪ねてくれるようになり、人間と赤おにのあいだにはこれまでになかったつながりが築かれます。ただし、この共同性は、そこから弾かれた青おにが、人間と赤おににとっての共通の敵の役割を担ったことによって成立したものです。共通の敵としての自分の役割については、青おにみずからが理解しています。だからこそ青おには、「コノママ　キミト　ツキアイヲ　ツヅケテ　イケバ、ニンゲンハ、キミヲ　ウタガウ　コトガ　ナイトモ　カギリマセン」（浜田 1976, 37頁）と記して旅立ち、赤おにが人間と仲良くする道を守ったのです。『ないた赤おに』が英雄譚によくある物語構造をもってい

るのだとすると、赤おにの合意を得ないまま計画を実行した強引さも含めて、青おにの行動を必要悪として肯定する意見が出ることにも納得がいきます。実際、浜田廣介記念館の元調査研究員である冨樫徹は、英雄譚との類似こそ、この作品の人気の所以であると推察しています（ひろすけ会 2010, 29-30 頁）。

2. ナラトロジー分析 I──焦点化

　前節でみたように、青おにについては、一方でその強引さを指摘することができますが、他方ではその強引さを必要悪と見なすこともできます。これをふまえれば、赤おにが流す涙についても、意見が分かれる可能性があります。一方では、人間と仲良くなる道を守りたいという青おにの思いやりに感じ入って流された涙であると考えることができます。他方、青おにの強引さをふまえれば、その勝手さにいきどおりを感じて泣いたのだと考えることもできます。

　赤おにの涙の理由に関する意見の違いは、読者の文学的感性の違いに還元されるものではありません。こうした意見の違いが生じる理由は、本文に対してナラトロジー分析を行うことによって解明できます。ナラトロジー分析とは、物語の語り手が用いている技法を明らかにする方法です。この分析では、語り手がある登場人物を描写することを、語り手が登場人物に「**焦点化**」していると言います。焦点化にも区別があり、登場人物の行動のみを描写する「**外的焦点化**」と、内面までを描写する**内的焦点化**があります。この区別は、語り手がそれぞれの場面で登場人物にどれほどズームしているかを分析するためのものです（疋田 2021, 86-127 頁）。

　このことをふまえて、本文の最後の場面をみてみましょう。本文は、青おにの手紙を赤おにが読む場面で終わります。「赤おには、だまって、それを読みました。二ども三ども読みました。戸に手をかけて顔をおしつけ、しくしくと、なみだをながして泣きました」（浜田 1976, 37 頁）。ここで語り手は、赤おにの行動を語っていますが、泣いた時の赤おにの内面については語りません。

　しかし、語り手が赤おにの内面をずっと語ってこなかったかといえば、そうではありません。たとえば、赤おにが青おにを訪ねていく場面を見てみましょ

う。ここで語り手は、「どうしたのだろう。ぐあいがわるくているのかな。わざと、じぶんで、はしらにひたいをぶっつけたりして、角でもいためているのかな」（上掲書, 36 頁）と、赤おにの内面を語っています。つまり、語り手は、赤おにが泣く場面に至ってはじめて、「内的焦点化」をやめ、泣くという行動の描写だけを行っているのです。したがって、赤おにが泣いた理由をめぐって意見が分かれた場合にも、本文に立ち返れば、意見が分かれる理由の 1 つは赤おにの内面が描かれなくなる点にあるということを確認することができます。

3. ナラトロジー分析Ⅱ——語り手の時間操作

　赤おにが泣いた場面に見られたように、物語の語り手は、登場人物の内面をすべて説明しているわけではありません。出来事の描写についても同じことを指摘できます。たとえば 10 年間の出来事を語っていたとしても、語り手は、その期間に起きたことのすべてを均一に語れるわけではないのです。語り手によって詳細に語られる出来事もあれば、簡単な描写で済まされる出来事もあります。これを「**語り手の時間操作**」と呼びます（疋田 2021, 106-110 頁）。

　『ないた赤おに』の語り手についていえば、時間操作の問題は冒頭から指摘することができます。というのも、「山のがけの家にやさしい、すなおな赤おにがすんでいた」という簡潔な事実を示すために、語り手は多くの時間を費やしているからです。『ないた赤おに』の冒頭部は次の通りです。「どこの山か、わかりません。その山のがけのところに、家が一けんたっていました。きこりが、すんでいたのでしょうか。いいえ、そうではありません。そんなら、くまがそこにすまっていたのでしょうか。いいえ、そうでもありません。そこには、わかい赤おにが、たったひとりですまっていました」（浜田 1976, 28 頁）。ここでは、きこりがすんでいる、くまがすんでいるという想定は間違いとして否定され、わかい赤おにがすんでいるという正答が示されます。本文は、次のように続きます。「その赤おには、絵本にえがいてあるようなおにとは、かたち、かおつきが、たいへんにちがっていました。けれども、やっぱり目は大きくて、きょろきょろしていて、あたまには、どうやら角のあとらしい、とがっ

たものが、ついていました。それでは、やっぱりゆだんのできないあやしいやつだと、だれでも思うことでしょう。ところが、そうではありません。むしろ、やさしい、すなおなおにでありました」（上掲書, 28-29頁）。ここで語り手は、赤おにの容姿を紹介した後、あやしいやつだという想定を再び間違いとして否定し、やさしい、すなおなおにという正答を示します。

　ただし、よく読めば、ここまでで語り手が示すのは「山のがけの家にやさしい、すなおな赤おにがすんでいた」という簡潔な事実のみです。きこり、くま、あやしいやつ、という想定の提示とそれへの応答の後、語り手は「ほんとうに、その赤おには、ほかのおにとは、ちがう気持ちをもっていました」（上掲書, 29頁）と述べます。ここには、「赤おに」を「ほかのおに」から明確に区別する語り手の価値観が現れています。これまでの問答のリズムに助けられた読者は、「赤おに」対「ほかのおに」という二元論を一度はすなおに受け入れることができるでしょう。しかし、物語を読み終えた読者にとっては、どうでしょうか。赤おにが人間たちと仲良くなる道をひらいてあげたのは青おにでした。それでも語り手は最後まで、「実は青おにもやさしいおにだった」とはいいません。

　以上の分析に基づけば、青おにのことをやさしいおにとみるか否かで意見が分かれた際、その理由の1つを語り手の時間操作に探ることも可能です。つまり、赤おにがやさしいおにであることは時間をかけて説明される一方、青おにがやさしいおにであるか否かは最後まで説明されないため、青おにの評価が分かれるということです。であれば、青おにの評価をめぐって意見が対立した場合、その理由を本文に立ち返って確認するという授業展開も可能でしょう。

4. 分析方法の使い分け

　さて、これまでに用いたのは、構造把握とナラトロジー分析という2つの方法でした。これらはどちらも、さまざまな読みが生じる理由を解明するためのツールです。ただし、両者のあいだには、方法論上の違いを指摘することができます。構造把握の場合、本文全体に視野を広げ、英雄譚、成長譚、という形

で物語のジャンル分けをします。一方、ナラトロジー分析の場合、視点は物語の細部にあります。語り手の１つずつの語りに着目し、登場人物の内面をどれほど描いているか、ある出来事の語りにどれほど時間を割いているかを分析します。両者の分析方法の違いは、全体を見るか細部を見るかという、分析の際の**注意**の向け方の違いであるといえます。

　もちろん、それまでの注意の向け方を変えていくプロセスには時間がかかります。したがって、読み物資料を扱う道徳の授業の場合、限られた授業時間だけでなく、授業の後に子どもが作品を再読す時のことまで考慮に入れた幅広い視野が必要となるでしょう。そもそも、子どもたちの多様な疑問に対して、わずか１時間足らずですべて応えることなどできるはずもないのですから。

 ## 第４節　実践に向けて──興味を持続させる評価のために

　それでも、限られた授業時間に加えて、読者の発達段階（小学校中学年）をふまえれば、『ないた赤おに』を扱う授業では、おに同士の友情の美しさを理解できればそれで十分ではないか。そう考えることは、たしかに実際的でしょう。しかし、青おにの行動や赤おにの心情について疑問を表明する意見が出たとしたら、どうでしょうか。その意見が、本文の構造や語りの技法とどう結びついているのかを辿るプロセスはやはり大切なのではないでしょうか。

　このようなプロセスは、複雑であり、かつ、**時間**を要します。わかりやすさという点でいえば、すべてを敵の仕業であるとする陰謀論とは真逆です。なるほど、多くの人が不安を抱いている状況においては、陰謀論のように自分たちの外側に敵をつくり出すやり方は、束の間の安らぎを与えてくれる鎮静剤のような効果を発揮するでしょう。

　あらためて考えてみると、青おにがねらったのもこのような効果であったといえます。というのも、青おには、自分が人間たちの敵であり、赤おには味方であるということを明確にすることで、赤おにに対して不安を抱いていた人間たちを安心させようとしたからです。しかし、青おにが「ニンゲンハ、キミ

ヲ　ウタガウ　コトガ　ナイトモ　カギリマセン」（上掲書, 37 頁）と述べたように、人間たちがいつまた赤おにに対して恐れを抱くかはわからないのです。なぜなら、青おにがとった解決策は「ぞうさなく、らちがあく」（上掲書, 32 頁）策であった一方、今度は青おにのことを恐れる村の人間たちに、見かけに左右されずものを考える力がついたかといえば、そうではないからです。語り手がその後の展開や赤おにの内面を語らないことによって、読者には、本文中で青おにが取った解決策が長い目で見て本当によい解決策だったのかと問う余地が残されるのです。

　このように考えると、1 回の授業で議論を完結させることを最優先する必要はないでしょう。むしろ、大切なのは、教師や子どもが、自分とは異なる意見に対して興味をもち続け、教材を何度も読み直してみることなのではないでしょうか。

（杵渕　拓樹）

演 習 問 題

　『星野くんの二塁打』を扱った道徳の授業で、星野くんを諭す監督の話に納得できないとする意見が出た時、どのように授業を展開しますか。

【引 用 文 献】

フリッカー，M.（2023）佐藤邦政監訳・飯塚理恵訳『認識的不正義──権力は知ることの倫理にどのようにかかわるのか』勁草書房.

浜田廣介（1976）『浜田廣介全集　第 5 巻』集英社.

疋田雅昭（2021）『文学理論入門──論理と国語と文学と』ひつじ書房.

ひろすけ会（2010）『ひろすけ童話学会報告記録集』浜田廣介記念館ひろすけ会.

勝又明幸（2019）「教材名「泣いた赤おに」（出典：学研教育みらい）テーマを提示せずに深まった実践」『道徳教育』第 59 巻第 9 号，26-27 頁.

中内敏夫（1971）『学力と評価の理論』国土社.

佐藤岳詩（2021）『「倫理の問題」とは何か——メタ倫理学から考える』光文社.

ラトゥール，B.（2020）伊藤嘉高訳「批判はなぜ力を失ったのか——〈厳然たる事実〉から〈議論を呼ぶ事実〉へ」『エクリヲ』第12号，198-230頁.

14 舞台俳優による道徳の授業では どのような場が成立するのか？

「演劇的手法を用いた主体的・対話的で深い学び」について

2010年5月に文部科学省が設置した「コミュニケーション教育推進会議」によって進められた「児童生徒のコミュニケーション能力の育成に資する芸術表現体験事業」により、全国の学校現場（小学校から高等学校まで）でアーティストによるワークショップ形式の教育実践が展開されるようになりました。芸術表現体験プログラムの内容は多岐にわたりますが、本章では、演劇的手法を活用し、学校教師に代わって舞台俳優（講師）が道徳の授業を行った実践例を紹介します。舞台俳優が講師を務めた場合、道徳の授業はどのようなものになると思いますか。まずは、あなたの考え（予想）を、そう考えた理由とともに書いてみてください。

【自分の考え】

【そのように考えた理由】

道徳の授業を舞台俳優が行う、あるいは、道徳の授業に演劇を導入すると聞くと、ほとんどの人は学校教師が行うような授業の一部に役割演技（ロールプレイ）を取り入れた取り組みを想像するのではないでしょうか。それに対して、ここで紹介するのは、教育の専門家ではない舞台俳優が、演劇的手法を用いながら、道徳の授業を模索しつつ行うという実践です。この実践例を分析することで、演劇的手法とはどのようなものなのか、教師ではなく舞台俳優が教育実践をすることで教室はどのような場になり、児童はどのような活動を促されるかを考えてみたいと思います。それを通じて、学校教師であるがゆえの弱点や盲点というものがあるのか、あるとすればそれは何なのかを、読者のみなさんがそれぞれ考えるきっかけを提供することができればと思います。

第1節　授業の目的——演劇的手法を活用した教材の多面的・多角的理解

　文部科学省は「小学校学習指導要領（平成29年告示）」（平成29年3月31日公示）の総則において「主体的・対話的で深い学びの実現に向けた授業改善」（文部科学省2017, 22頁）を呼びかけています。またこれを受け、道徳科の章では、その目標を「道徳的諸価値についての理解を基に、自己を見つめ、物事を多面的・多角的に考え、自己の生き方についての考えを深める学習を通して、道徳的な判断力、心情、実践意欲と態度を育てる」（上掲書, 165頁、傍点筆者）こととして定義しています。ここでは「物事を多面的・多角的に考え」ることが、傍点部に記された「深い学び」を促すものとして位置づけられています。

　本章で分析する道徳の授業実践では、宮越由貴奈の詩「命の詩——電池が切れるまで」（宮越2024；本章末尾に掲載）を教材とし、児童が教材・他者・自分との対話を通してこの教材の内容や価値を「多面的・多角的」に理解できるよう促すことを目的としました。講師はこの目的のために「**教えない**」姿勢を貫き、児童から多様な意見が出やすい環境を作り出そうとしました。この姿勢は、朗読の演出の場面でもっとも明確に示されます。そこでは、舞台俳優である講師は、児童に演出家の役割を委ね、児童の演出に従って演じました。それ

によって、単に「教えない」だけでなく、むしろ講師が児童から「教えられる」ないし「学ぶ」という通常の授業とは逆転した構図が生まれ、それが教材に関する児童の多様な解釈を促しました。

　本章では、この演劇的手法を用いた「教えない」道徳の授業の様子を見ていきたいと思います。そのために以下では、講師と児童のあいだでどのようなやりとりがなされたのか、いくつかの場面をピックアップし、そこで起きていたこと、達成できたことなどを、講師を務めた舞台俳優元林、そして同じく舞台俳優でありこの授業の参与観察を行った紙本の――俳優ならではの――視点から考察していきます。

第2節　授業の分析

　この授業は関西にある小学校の5年生の学級で行われました。授業の流れは以下の通りです。まず導入部で講師は、ウォーミングアップとして児童に「演出家」の役割を体験してもらった後、教材を朗読します。続く展開部では、まず児童が教材の意味を解釈します。続いて講師は、児童に対し、演出家となって、舞台俳優である講師とともに教材を朗読劇として創作するという課題を提示します。そして展開部の終わりに、児童の演出に従って講師が朗読劇を実演します。終末部では、児童がふり返りノートを記入します。以下、場面ごとに詳細に見ていきましょう。

　まずは導入部の活動「演出家になるためのウォーミングアップ」の様子です。

導入部：演出家になるためのウォーミングアップ

授 業 の 記 録
講師：今日みなさんには演出家になってもらいます。 児童A：やったー！ 児童B：演出家？何それ？ 講師：今からみなさんに消しゴムを貸りた時の「ありがとう」を僕がいうから、それがふさわしい 　　　「ありがとう」かっていうのを見てもらって、「もうちょっとこうしたらいいんちゃう？」み

たいなのをいってもらえたらなと思います。じゃあいきますね。
講師：ありがとう（感情を込めずに棒読み）
児童Ｃ：気持ちを込めて！
講師：ありがとう！（要求に応えて気持ちを込めて）
児童たち：（ちらほら手を上げる）
児童Ｄ：えっと…、両手で消しゴムを持って「ありがとう」
講師：（実演）
児童Ａ：…なんかラブレター渡してるみたい！
講師：じゃあどうしよう？
児童Ａ：姿勢を直してびしってして「ありがとう」
講師：（実演）
児童Ａ：違う違う！そうじゃなくてこう！（背筋を伸ばした起立のポーズ）
講師：あーこれはなくて？
児童Ａ：こう！（綺麗な起立のポーズ）
講師：渡すのはどう渡す？
児童Ａ：ありがとう（片手で渡す）
講師：あー片手で良い？
児童Ａ：うん、私やったら片手で渡す！
講師：ありがとう（片手で渡す）。両手バージョンもやってみるわ、姿勢正して。「ありがとう！」
児童：（笑う）
　　　（中略）
講師：あー。ほかにアイデア何かあれば？
児童Ｅ：やさしくいう！
講師：やさしくか、難しいな。あー、やさしく…
児童たち：（各々でやさしくいってみる）
講師：あー。ありがとうございます！
児童Ｄ：そんな感じ！
講師：あーなるほどね。みたいな感じで、ちょっと演出をつけていただきたいんですけど…

　「演出家」という役割がどのようなものなのかは、業種や場面によって多様
です。そこで講師は、児童の最初の質問「演出家？何それ？」に対してあえて
答えず、実際に「やってみる」ことで「演出家」が何を指すのかを子どもたち
に示しました。講師が口頭で説明をしないことで、答えを知っていてそれを教
える人と教えてもらう人という構図をなるべく排除しようとしたわけです。こ
の授業では「教えない」というスタンスが授業全体のデザインとなっています
が、このスタンスは導入部の場面からも読み取ることができます。

　これに続いて導入部では、講師が教材「命の詩──電池が切れるまで」を朗
読しました。その際、児童が朗読する講師の体の動きを観察できるよう、詩は

授業開始前にあらかじめ板書しておきました。

　以下は、導入部での講師による朗読に続く展開部での教師、講師、児童のやりとりの様子です。また、表中の右側の列には、講師（元林）と参与観察者（紙本）のあいだで行われた授業後のふり返りを記述しています。

展開部：課題（テキストの解釈）の提示

授 業 の 記 録	授 業 後 の ふ り 返 り
講師：という詩なんですけど、私には難しくてですね。この詩を読んでここわからんな、ここ、難しいみたいなところを見つけて、みんなと一緒に考えていきたいなと思うんですけど、これ読みながら、なんか思ったりしたことあれば… 児童Ｂ：なんか詩が長い。 講師：長いね。長いから難しいんよね。じゃあこの４行だけとかでもいい。４行だけ読んで、考えてみてもらって… 児童：（沈黙）	元林：リアルに（教材）難しくないといえないセリフではあります。（自分が）この詩についてよくわかっているという状態であれば、やっぱりこのナビゲーションはできない。 紙本：なるほど。でも、詩の場合「完全にわかる」ということはないのでは？ 元林：やればやるほど難しくなる。 紙本：「わかった」をめざすのではなく、読めば読むほどいろんな解釈があって、という態度を取っていくことが必要なんでしょうね。
教師：私、聞きたいことがあります！ 講師：はい 教師：みんなに教えてほしいことがあります。「何年も何年も月日が経ってやっと神様から与えられるもの」だってあるでしょ？そこがちょっと意味わからん。だって生まれた時から命あるやんか。 講師：じゃあ、みなさん、今これの意味がわからんっていうことに対してちょっと隣の人と話しあってもらっていいですか？ 児童：（30秒程自由に話しあう）	元林：この先生の質問がなかったら、ゾッとします。 紙本：もし仮に先生が質問しなかったらどう進めようと思ってましたか？ 元林：やばいですよ…。最初の４行をまずやると思います。今想像したらですけど。でも構図めっちゃいいなって思ってるんですよ。先生が子どもの代表で聞いてるみたいになってるじゃないですか。でそれを僕が受け止めてどう思う？って聞き返す。

　この場面で講師は「この詩は私には難しいので、みんなと一緒に考えていきたい」というコメントをしています。ここで講師は、この詩が自分にとって難解であることを明言することで「教えない」姿勢を維持しています。さらに、普段は「教える」立場である教師も、「みんなに教えてほしいことがあります」と児童に求めることで、講師の「教えない」姿勢を支持しています。

なお、これに関連する講師のふり返りのコメント「この先生の質問がなかっ
たら、ゾッとします」からは、この授業がこの先どのように展開するのかが講
師自身にもわからないという点でスリリングな授業デザインであったことがわ
かります。また、このような先の展開の読めなさが、講師にとって教材が――
演技としてではなく――現実に難解であったこと（「リアルに（教材が）難しくな
いといえない」）に由来することもわかります。

　他方、教師は児童の沈黙に対して即座に対応しています。この点がまさに教
育の素人である講師（舞台俳優）と教育の専門家である教師との違いなのかも
しれません。教師にとって「教えない」ということは「何もしない」というこ
とではありません。実際この場面で教師は、展開を予測しつつ即座に――「教
える」のではなく――「子どもの代表で聞く」という行動をとっています。そ
う考えると、この場面での講師による「教えない」という立場表明は、教育の
素人であることを公言できる立場にあったからこそ可能だったのかもしれませ
ん。いずれにしても、教師による即座の支えもあって、結果的にはこの時点で
「答えをみんなで一緒に考える」という方向性を作り出すことができました。

展開部：児童による教材解釈

授　業　の　記　録	授　業　後　の　ふ　り　返　り
講師：なんか、こういうとちゃうみたいなとかあります？ 児童Ｆ：（黒板の前の講師に向かって発言しようとする）たぶんやけど… 講師：あ、先生にも向かっていおうか。みんなにも向かって… 教師：教えてー！ 児童Ｆ：（教師に向かって）何年も経って、赤ちゃんが誕生する。 教師：あー、一代きりじゃないってこと？ 児童Ｆ：（頷く） 児童Ｆ：だからこう… 児童Ｇ：１日何人もうまれたってこと？ 講師：自分の命が赤ちゃんにつながっていくってこと？ 児童Ｆ：うーん… 講師：（「自分の命が赤ちゃんにつながっていく」と板書する）	紙本：児童の意見を、「先生とみんなに伝えて」というナビゲーションよかったですね。 元林：教壇の人に答えると、質問者に対するアンサーじゃないように聞こえるんですよね。このナビゲートをすることで、質問者に対してアンサーしているという構図が生まれる気がするんです。

　この場面では、教室のなかのコミュニケーションの方向を意識したナビゲー

ションがみられました。通常の道徳の授業では、教師が「教える」立場をとることで、単一方向のコミュニケーション（教師が問いを投げかけ、児童が挙手をして教師に対して、もしくは黒板に向かって発言をするスタイル）が生じがちです。しかし、講師はここで、最初の発問をした後、それに対する回答が講師にではなく問いかけをした人、そして教室全体への発言になるよう促すことによって多方向に向かうコミュニケーションを生み出そうとしています（図14-1参照）。これによって、実際、複数の児童から多様な解釈の可能性が提示されました。また、このようにコミュニケーションの方向が多様化することで、個々の児童は自分の解釈を自分だけのものにとどめておくのではなく、講師、教師、そしてほかの児童にも理解できるよう言語表現を模索している様子（「だからこう…」「うーん…」）がうかがえます。

単一方向のコミュニケーションのイメージ

多方向のコミュニケーションのイメージ

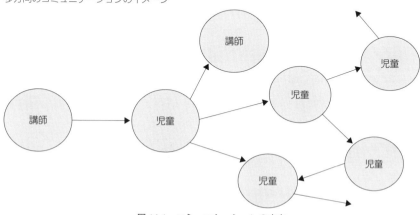

図14-1　コミュニケーションの方向

つぎに、児童が細かな演出をし、講師がこれに応じてジェスチャーを交えて朗読する様子をみてみましょう。

展開部：児童による演出と講師による実演

授 業 の 記 録	授 業 後 の ふ り 返 り
講師：天国にいるってどういう状況？座ってたらええんかな、たってたらええんかな、どう思う？ 児童Ｆ：浮いとったらええ！ 教師：浮いとったらいい（笑い） 児童Ｂ：浮いとったら…むりやろ、一番むりやろ！ 教師：どうやって浮くん？（ジェスチャーを交えて）こうやって？ 児童Ｆ：なんか、ジャンプしとったらいい！ （中略） 講師：（ジェスチャーを交えて）「何年も何年も月日が経ってやっと…（記号的に無理やり元気よく）神様から与えられるものだ」 児童：（笑い）	元林：「どう思う？」って聞かれた時に子どもが教室で答える時ってなんか必ずジャッジが待ってるような気がするんです。ジャッジ、たとえば先生が黒板に書くに値する意見か？とか。でもこの「演出家スタイル」だと、答えるというか「提案」にできるなと思いました。「これはどう？」みたいな。それが評価にさらされないような構図になってるなと感じました。
講師：ちょっと変？ちょっと変やな！なにが変なんやろ？どうやったら変じゃないの？ 児童Ｂ：同じテンポ！ 講師：あー、同じテンポ！ 講師：（実演）「何年も何年も月日が経ってやっと…（喜ぶ）神様から与えられるものだ」	元林：（子どもたちの反応が）すごいなと思って…。（俳優が）記号的な芝居をしたら笑われるっていう。めっちゃ良いお客さんやなと思って。芝居の嘘がばれてる。それが多分ちゃんと演出家になってるからかな？
児童たち：なんかちゃう！なんかちゃうな！（口々に呟く） 講師：どうしたら良いんやろな？ちょっとアイデア募集するので相談してもらっていいですか？	元林：「なんかちゃう」ってすばらしいと思う。違和感について話しあえるっていいなって思って。（俳優が）発信したことに対して「なんかちゃう」というところから「どうしたらいいのかな？」というやりとりが成立してる。

　この場面に至るまで、「教えない」授業形式には、講師が教育の素人であるということの結果としていわば偶然に与えられたという側面もありました。その意味で、講師が必ずしも舞台俳優である必要はありませんでした。しかし、この場面では、「教えない」授業を行う上で講師が舞台俳優であることの必然性が明確に現れてきます。自分の提案を俳優である講師が採り入れて目の前で演技を変えていくという演出体験は、児童にとってエキサイティングなものだ

ったはずです。インプロ（即興芝居）のスタイルをそのまま授業に採り入れることができたことは、舞台俳優ならではの授業実践といえるでしょう。**明確な正解がないとしても違和感を抱いたことを率直に伝え改善していく行為は、演劇創作の過程そのものです。**このような演劇的手法の導入は、児童の発言内容を「ジャッジ」するという構図を回避するために、授業デザインとして最初から意図されていたものです。

そしてこのことが奏功し、児童の発言は講師の発問に対する答えではなく「提案」（「浮いとったらええ！」「同じテンポ！」）となり、あるいは、明確な提案にまで至らないつぶやきや感想（「なんかちゃう！」）をも自由に発言することができる場が生まれています。講師の演技（「記号的」「喜ぶ」）に対する児童の笑いや「なんかちゃう！」というつぶやきは、教材（詩）の言葉がもつニュアンスを児童が——たとえ未だ明確に言語で表現することができなくとも——すでに理解していることを示しています。

授業後のふり返りで、講師は「演出家になっている」とコメントしていますが、この点も重要です。この自発的な生成を表す語は、講師が児童に演出の仕方を「教えた」わけではないということ、講師が「教えず」俳優であることを貫くことで、その周囲に児童による演出をおのずと引き出すような場が生まれたということを指し示しているのではないでしょうか。

最後に、展開部終盤で、詩の朗読が完成に近づいていく様子をみてみましょう。

展開部：朗読の完成

授 業 の 記 録	授 業 後 の ふ り 返 り
講師：（実演）「何年も何年も月日が経って…やっと！神様から与えられるものだ」 児童Ａ：「あ、そんな感じ！」 児童たち：（うなずく） 教師：良い！うなずいてるじゃん！ 講師：ほかには？	紙本：みんな「うんうん」ってうなずいてる！ 元林：うなずいてる！嬉しい！ 紙本：「のぶおうまい事やるやん」みたいにな

182

児童Ｇ：やり遂げた感じ？	ってる。（笑）
講師：あー、プラスやり遂げた感じね！	
講師：あー、できるのか俺に！？	
児童Ｂ：頑張れのぶお！	
講師：ありがとう！	
児童たち：（声援を送る）	
講師：（実演）「何年も何年も月日が経って…やっと 神様から与えられるものだ」	元林：あの成功体験をもう一度みたいになって る。（笑）
児童Ａ：すげえ良い感じ！	
講師：これか！？	
児童Ｆ：めっちゃいい感じ！	

　ここでも講師は「教える」のではなく、その場で起こったことを受け入れ反応するという即興的な演劇スタイルで授業を進行することに徹しています。たとえば、作品づくりが佳境を迎え、児童（演出家）からの要望に応えられるだろうか、というプレッシャーを「できるのか俺に！？」と吐露しています。また、講師は、児童から口々に発せられる「頑張れ！」という声援に再演で応じています。

　さらに、実演後、児童の「すげえ良い感じ！」という発言に対して講師が「これか！」と反応する部分も重要です。ここで講師はもちろん実際に学びを得てリアルな反応としてそう発言しているのですが、しかしこの発言は同時に、授業でのやりとりに筋書きがなかったことのリアリティ、そして講師が児童から学ぶことがあるというリアリティを強調した演技・演出であるともいえます。この現実と芝居の境目での発言にも舞台俳優ならではの巧みさが表れていますが、それがこの授業展開部終盤での盛り上がりをもたらしたのかもしれません。

 第3節　演劇的手法は道徳の授業に何をもたらしたのか？

　学級という空間では、「教師＝教える人」と「児童＝教えられる人」という関係がおのずと生み出されます。教師は教壇に立って授業を進行し、児童は45分間前を向いて椅子に座り、教師が次々と発する問いに答えていき、その

答えは教師によってジャッジ（評価）されるのです。

　演劇的手法を導入したこの授業でも、——講師1人でふり返りシートの記入をも含めて45分で授業を終えなければならないという制約のため——このような教室空間内の配置に大きな違いはありませんでした。しかし、通常の授業と比べた場合、まず第1に、教師（講師）と児童との関係構造が逆転したり、教師（講師）も児童も**学びあう**ような対等な関係が生じたりした点に大きな違いがあります。講師が教育の素人であることや、教える立場である教師も、「教えない授業デザイン」をよく理解し、生徒と同じ目線で授業に参加したことが寄与したのかもしれません。

　第2の違いは、個々の児童の思考と言語活動、そしてコミュニケーションを活性化した点にあるでしょう。それは、児童を演出家、教師（講師）を俳優とし、演出家が指示を出し、俳優がそれに応え、さらに俳優の演技を演出家がジャッジ（評価）するという設定によるものでした。たしかに児童は45分間、基本的に椅子に座ったままでしたが、詩の言葉の背後にはどのような感情、どのような体の動きがあるのかを想像し、みずからも体を動かして、言葉を模索する場面もしばしば見られました。いまだほかの人に伝えられるような明確な言葉にはできなかったかもしれませんし、あるいは、学級の全員が納得しうるような共通の解釈に到達できなかったかもしれません。しかし、この章での記述からは、児童らが適切な言葉を模索しながら講師による朗読に演出を加え、講師の体を借りてみずからの解釈を確認していくという演劇的手法の導入により、ごく自然に教材の内容と価値を「多面的・多角的」に考えることができるような**協働**と対話の場が教室内に出現したことを確認できるのではないでしょうか。

　ドイツの教育哲学者である O. F. ボルノーは、対話は「いつでも自分を他者の手中にゆだねる」（ボルノー 1978, 192頁）という勇気と、「他者の言い分にたいして心を開いている覚悟」（上掲書, 195頁）をもつことを要求されるといいます。

　本章で取り上げた実践の授業デザインは、まさにこの勇気と覚悟を参加者た

ち（講師含む）がもたなければ授業を進めることが困難になるような弱点をかかえていました。にもかかわらず授業が可能になったのは、演劇だけでなく芸術全般が美、つまりカントがいうところの「目的なき合目的性」を追求するものだからなのかもしれません。ともに美をめざすことにより、参加者たちの感性がもつあいまいさや価値観の多様性を含みつつも、ともにひとつの作品を創造することができ、逆に、そうしたひとつの作品が眼前にあるからこそ「ふさわしさ」をめぐる参加者たちの判断の不一致を前提に主体的な議論が可能になるのかもしれません。

第4節 実践に向けて──学びの環境（場）をどう評価するか

　ここで紹介した授業実践には、先を見通せないというスリルが常に伴っていました。それは、講師が「主体的・対話的で深い学び」を引き起こすよう児童に直接働きかけるのではなく（＝「教えない」）、むしろそうした学びが児童において自然に生じるよう周囲の環境（場）に間接的に働きかけたからです。しかも、この環境（場）の構築には、講師だけでなく児童みずからもまた加わりました。上述のスリルはこうした不確定性から生じたものです。

　この章では、講師と参与観察者（いずれも舞台俳優）の観点から授業のふり返りとして評価を行いました。しかし、上述の不確定性のため、まだ「手法」としての評価を終えたとはいえないのかもしれません。児童の「主体的・対話的で深い学び」を引き起こすような環境（場）の構築に、はたしてこの「演劇的手法」はどこまで、またはどこの部分が影響を与えたのでしょうか。仮にみなさんが将来このような「教えない」授業を行った場合の授業の自己評価の練習として、みなさんの観点からこの授業を評価してみてください。

　　資料：宮越由貴奈作「命の詩──電池が切れるまで」（「／」は改行箇所を示す）

　　命はとても大切だ／人間が生きるための電池みたいだ／でも電池はいつか切れ
　　る／命もいつかはなくなる／電池はすぐにとりかえられるけど／命はそう簡単
　　にはとりかえられない／何年も何年も／月日がたってやっと／神様から与えら

れるものだ／命がないと人間は生きられない／でも／「命なんかいらない。」／
と言って／命をむだにする人もいる／まだたくさんの命がつかえるのに／そん
な人を見ると悲しくなる／命は休むことなく働いているのに／だから　私は命
が疲れたと言うまで／せいいっぱい生きよう

（紙本　明子・元林　信雄）

演 習 問 題

　この章で取り上げた実践は児童に「主体的・対話的で深い学び」をもたらした
のでしょうか。理由をあげながらあなたの観点から評価してみてください。

【参 考 文 献】

ボルノー，O. F.（1988）森田孝・大塚恵一訳編『問いへの教育　増補版　「都市と緑と人間と」ほ
　か10篇』川島書店.
宮越由貴奈（2024）「命の詩──電池が切れるまで」『道徳5　きみがいちばんひかるとき』光村図
　書出版.
文部科学省（2017）「小学校学習指導要領（平成29年告示)」.

15 道徳科の授業はどのように評価したらよいのだろう？

「エスノメトリー法を使った道徳授業のふり返り」について

　文部科学省は、小中学校の「学習指導要領」の全面改正の告示（2017（平成 29）年 3 月）に先立って、2015（平成 27）年 3 月に小中学校の「学習指導要領」（2008（平成 20）年告示）の一部を改正し、道徳を「特別の教科道徳」に改めています。そしてこの改正は、小学校では 2018（平成 30）年 4 月、中学校では 2019（平成 31）年 4 月から施行されました。道徳が教科になったことによって、ほかの教科と同じように検定教科書が用いられるようになるとともに評価も必要となりました。では、児童生徒の道徳性の変化はどのような方法によって評価できるのでしょうか。また、道徳科の授業はどのような方法によって評価できるのでしょうか。まずは、さまざまな方法を列挙してみて、それからそのなかのどの方法が適切あるいは不適切なのか、あなた自身の考えとそう考えた理由を以下の欄に記入してください。

【自分の考え】

【そのように考えた理由】

第**1**節　道徳科の授業評価——生徒の評価と指導の評価

　「中学校学習指導要領（平成29年告示）」の「第3章　特別の教科　道徳」の「第3　指導計画の作成と内容の取扱い」の4には、道徳科の授業評価について次のように書かれています。「生徒の学習状況や道徳性に係る成長の様子を継続的に把握し、指導に生かすよう努める必要がある。ただし、数値などによる評価は行わないものとする」（文部科学省2017a, 158頁）。この記述からは、道徳科の授業評価に2つの目的があることがわかります。「生徒の学習状況や道徳性に係る成長の様子」の評価と「指導に生かす」ための評価、つまり**生徒の評価**と**指導の評価**です。さらに文部科学省による「中学校学習指導要領（平成29年告示）解説　特別の教科　道徳編」（以下「解説」とする）では、「道徳科の評価」について1つの章が設けられ、さらに上記2つの評価についてそれぞれ別の節で説明がなされています（「第2節　道徳科における生徒の学習状況及び成長の様子についての評価」と「第3節　道徳科の授業に対する評価」）。そこでまずは、主に「解説」を参考に道徳科の授業評価のあり方に関する文部科学省の考え方を確認しておきましょう（なお、「小学校学習指導要領」およびその「解説」での記述もほぼ同様）。

1. 生徒の評価

　「解説」では、まず生徒の評価の基本的態度について次のように述べられています。

　　道徳科で養う道徳性は、生徒が将来いかに人間としてよりよく生きるか、いかに諸問題に適切に対応するかといった個人の問題に関わるものである。このことから、中学校の段階でどれだけ道徳的価値を理解したかなどの基準を設定することはふさわしくない。／道徳性の評価の基盤には、教師と生徒との人格的な触れ合いによる共感的な理解が存在することが重要である。その上で、生徒の成長を見守り、努力を認めたり、励ましたりすることによって、生徒が自らの成長を実感し、更に意欲的に取り組もうとするきっかけとなるような評価

188

を目指すことが求められる。なお、道徳性は、極めて多様な生徒の人格全体に関わるものであることから、評価に当たっては、個人内の成長の過程を重視すべきである。(文部科学省 2017b, 111 頁, ／は改行箇所を示す)

　要約すると、生徒の道徳性の評価は、あくまでも個々の生徒の道徳性の成長を促すきっかけとしてなされるものであり、したがって達成基準を設定してほかの生徒と比較することはふさわしくなく、むしろ個々の生徒への共感的な理解に基づくものでなければならない、ということです。「学習指導要領」で、数値による評価を行わないとされるのも、こうした理由によるものといえるでしょう。

2. 授業の評価

　「解説」では、**指導の評価**について次のような説明がなされています。「生徒の学習状況の把握を基に授業に関する評価と改善を行う上で、学習指導過程や指導方法を振り返ることは重要である。教師自らの指導を評価し、その評価を授業の中で更なる指導に生かすことが、道徳性を養う指導の改善につながる」(上掲書, 117 頁)。つまり、生徒の評価に基づいて授業評価が行われ、授業評価の結果についての省察によって授業の改善がなされるということです。

　また「解説」で興味深いのは、授業改善のために「多面的・多角的な評価」の重要性が指摘されていることです。具体的には、「授業に対する評価の工夫」として、「授業者自らによる評価」と「他の教師による評価」の実例があげられています。前者については「記憶や授業中のメモ、板書の写真、録音、録画など」を資料とした評価の例があげられ、そのメリットとして「録音や録画で授業を振り返ることは，今まで気付かなかった傾向や状況に応じた適切な対応の仕方などに気付くことにもなる」と述べられています。後者については「授業を公開して参観した教師から指摘を受け」ることや、「ティーム・ティーチングの協力者などから評価を得」るといった例があげられています(上掲書, 118 頁)。

第2節 「自分ごと化」を促す授業を生徒の身体表現を もとに評価する──エスノメトリー法の紹介

　以下では「解説」で示された方向に沿って、指導の評価の方法として筆者が考案した「エスノメトリー法」を用いた事例を紹介したいと思います。エスノメトリー法は、教育や福祉の実践者による働きかけが実践参加者に引き起こす身体的表現の変化を、録画データをもとに数値化するための方法です。先にふれたように「解説」でも「多面的・多角的な評価」が推奨されており、「録画」もその具体的方法の1つとして例示されています。

　以下の事例では、道徳科の授業内容の「**自分ごと化**」に向けた教師の働きかけが、児童生徒における自分ごと化の身体的表現の出現頻度（正確には、測定者が児童生徒の身体表現を観察することのできた頻度であるため、以下「出現・観察頻度」とします）をどう変化させたかを測定し、その測定結果をもとに授業評価を行いました。

1. 自分ごと化とは

　授業内容の自分ごと化の大切さは、「解説」でも「道徳科においては、生徒自身が、真正面から自分のこととして道徳的価値に広い視野から多面的・多角的に向き合うことが重要である」（上掲書, 112頁）と指摘されています。また、「解説」では、次のようにさらに具体的な説明がなされています。

　　道徳的価値の理解を自分自身との関わりの中で深めているかどうかという点についても、例えば、読み物教材の登場人物を自分に置き換えて考え、自分なりに具体的にイメージして理解しようとしていることに着目したり、現在の自分自身を振り返り、自らの行動や考えを見直していることがうかがえる部分に着目したりするという視点も考えられる。（上掲書, 113頁）

　要するに自分ごと化とは、教材中の登場人物に起きた出来事やそれについて登場人物が抱いた考えや感情を他人事にとどめることなく、あたかも自分自身のことであるかのように想像することを意味します。道徳科の授業は、教材の

理解を促すことにとどまらず、さらには児童生徒自身における道徳性の成長の
きっかけを提供することをも目的としていますから、この自分ごと化を促すこ
とができるかどうかは、道徳の授業を道徳の授業たらしめるもっとも大切な条
件ともいえるでしょう。

2. 身体表現について

　ここで測定対象とする児童生徒の**身体表現**の重要性については、「解説」で
もつぎのように指摘されています。「また、発言が多くない生徒や考えたこと
を文章に記述することが苦手な生徒が、教師や他の生徒の発言に聞き入った
り、考えを深めようとしたりしている姿に着目するなど、発言や記述ではない
形で表出する生徒の姿に着目するということも重要である」(上掲書, 113 頁)。
たしかに、たとえば授業の終末部で児童生徒に作成させたふり返りノートだけ
を授業評価の資料としたのでは、言語表現が苦手だったり控えめだったりする
児童生徒の道徳性の成長をとらえることが難しいといえます。言葉には出さな
いけれども授業内容を十分に深く自分ごと化できている児童生徒もいるはずで
すし、深く自分ごと化できたがためにかえってうまく言語化できなかったり沈
黙してしまったりということもあるはずです。だとすると、児童生徒の身体表
現の変化に着目することには大きな意義があるといえるでしょう。

　ただし、「解説」では、児童の身体表現についてつぎのような留保をつけて
います。「なお、こうした評価に当たっては、記録物や実演自体を評価するの
ではなく、学習過程を通じていかに道徳的価値の理解を深めようとしていた
か、自分との関わりで考えたかなどの成長の様子を見取るためのものであるこ
とに留意が必要である」(上掲書, 114 頁)。みなさんの児童生徒時代をふり返っ
てみればわかるように、たとえ小学生であれ「わかったふり」「自分ごと化し
たふり」はできるはずです。しかし、「解説」では、このような「ふり」——
芝居あるいは**パフォーマンス**といい換えることもできます——ではなく、児童
生徒におけるリアルな「成長の様子」を評価することが重要であると指摘して
います。

しかし、ふりとリアリティを区別することはそもそも不可能でしょう。また、第4節で述べるように、あえて両者を区別しないことこそ道徳科の授業とその評価にとって大切なことなのかもしれません。

3. エスノメトリー法による授業評価の実例

　エスノメトリー法は、生徒の評価のためではなく指導の評価のために開発した方法です。島根県のある公立小学校の4年生の1クラスで2021年4月末から7月中旬にかけて行われた道徳科授業における指導を評価するために、筆者はこの方法を使いました。これら一連の授業では、若手のA教諭が第1・2・3・4・7・8・9回の授業を担当し、ベテランのB教諭が第5・6回を担当しました。この章では、これらの授業のうちとくに重要と思われる第3・5・6・7回のデータをもとに測定と分析の結果を提示します。具体的な測定対象は、各回の授業で自分ごと化を促す教師の発問の前後5分間における児童の身体表現です。

　この研究における調査課題は以下の3つでした。

①自分ごと化を促す発問の後で、児童の身体表現の出現・観察頻度は有意に上昇したか。

②ベテラン教師による授業実践（ある種の校内研修）は、若手教師による授業実践に模範として機能したといえるか。

③エスノメトリー法による分析結果は、教師自身による指導の評価を支持しうるか。

　データの収集・測定・分析の手順は以下の通りでした。

①教師が目線に近い所（教卓左右）にビデオカメラ2台を設置し、授業開始とともに撮影を開始しました。

②調査者は、すべての授業が終了した後（2021年8月初旬）に電子メールでショートインタビューを行い、授業を担当した2人の教師が話しあいによって自分ごと化を促すことができたか否かを評価する際にともに着目した児童の身体表現（指標）を設定しました。測定対象となる身体表現（指標）は以下の7

点でした。「うなずき（教師の発言への）」、「体が前のめりになる（挙手を伴う場合は除外）」、「目を見開く（生き生きとしたまなざし）」、「目線を上に向ける（発問に対してひと呼吸おき中空をみつめる）」、「目線が止まる（問い返した時に視線の動きが止まる）、「近くの児童との相談を促した〈直後〉に会話が開始される」、「うなずき、首を横に振る、首を傾けるなどの多様な首の動きが連続して現れる」。

③調査者は、発問前後5分の動画をそれぞれ6秒間隔の静止画に変換し、測定

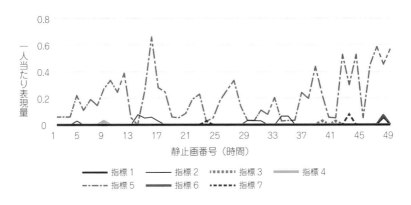

図15-1　1台目のカメラでとらえた第5回授業における発問前5分間の一人あたり表現量の変化

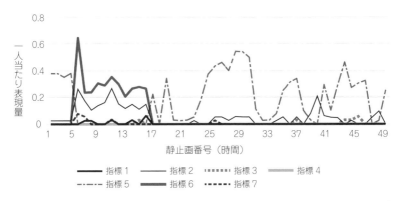

図15-2　1台目のカメラでとらえた第5回授業における発問後5分間の一人あたり表現量の変化

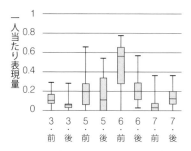

**図15-3　1台目のカメラでとらえた第3・
5・6・7回授業における発問前後5分間に
おける指標5の一人あたり表現量の変化**

担当者（授業を担当した教師でも調査者でも
ない第三者）がこの静止画をもとに児童
の各身体表現（指標）の出現・観察頻度
をカウントしました。その際、測定誤差
を考慮し、1台のカメラで撮影された同
一の画像を各2名でカウントして両者の
測定結果の平均値を採用しました。

④調査者は、手順③で得られたデータをも
とに以下の分析作業を行いました。（a）
4回の授業における発問前後5分間のす
べての静止画（前後各50枚程度、計400枚程度）について、各身体表現（指標）
の出現・観察頻度を示す数値を各静止画の総被写体数で割り「一人当たり表
現量」を算出しました。（b）数値データを直観的に表現するためにはほか
にも多様な方法がありますが、この研究では「一人当たり表現量」を縦軸、
「静止画番号（＝時間）」を横軸として折れ線グラフを作成しました。図15-1
と図15-2はそのサンプルですが、これらの図では、とくに指標2と6の出
現・観察頻度が発問後の5分間で顕著に増加していることがわかります。ま
た、各回の発問前後各5分間における「一人あたり表現量」の最高値、中央
値上25％、中央値、中央値下25％、最小値を示す箱ひげ図を作成しまし
た。図15-3はそのサンプルです。なお、第6回授業では、自分ごと化を促
す発問以前にすでに自分ごと化を促す別の働きかけがなされていました。そ
のため、図15-3では、発問前5分における「一人あたり表現量」はすでに
高い値を示しています。（c）発問前後5分間について、「前後二群には差が
ない」を帰無仮説としてブルンナー・ムンツェル検定を行いました。

調査課題①と②に対しては上記の手順④までで回答できますが、この研究で
は調査課題③に回答するため、さらに2人の教師に対し「各回の授業で自分ご
と化がどの程度うまくいったと思うか」について10段階の自己評価を依頼し
ました（2022年1月下旬）。

詳細な説明は省きますが、以上の分析の結果、上記3つの調査課題について
ほぼ肯定的な回答を得ることができました。つまり、とくにベテラン教師の授
業では明瞭に、自分ごと化を促す発問のあとで児童の身体表現（指標）の出
現・観察頻度が有意に上昇していました。また、ベテラン教師による授業実践
（ある種の校内研修）を観察したのち、ベテラン教師の場合ほどではないものの、
若手教師による授業でも発問前後における児童の身体表現の出現・観察頻度が
上昇していました。そして最後に、エスノメトリー法による分析結果は教師自
身による授業の10段階評価と同じ傾向を示していたことから、エスノメトリ
ー法は教師自身による指導の評価を支持しうる可能性を示唆することができま
した（Fujikawa 2023）。この研究結果からは、エスノメトリー法を指導の評価に
利用する可能性を示唆することができます。しかし他方では、エスノメトリー
法など用いなくてもベテランと呼ばれるほどの教師による指導評価であれば、
その妥当性を信頼できるという結論を引き出すこともできるでしょう。

第3節　考え得る未来の評価——教育のSFの観点から

　ところで、今回の調査では、調査デザインの段階でいくつかの制約を設けま
した。第1に、測定対象となる身体表現（指標）を設定するのは授業を行った
教師自身だということです。このことは、今回の調査で用いた指標をそれ以外
の授業の測定・分析のために用いることができないことを意味します。授業を
行った教師が指標として設定した身体表現は、日常的相互行為の積み重ねのな
かで、間主観的に、つまり教師と児童生徒のあいだで、あるいは同僚とのあい
だで、児童生徒における自分ごと化の表現としての意味をもつに至った**シンボ
ル**です。よって、授業担当者やクラスが異なれば当然異なる身体表現（指標）
が設定されなければなりません。このことから、評価結果を利用できるのは、
日常的にシンボルを共有できる範囲内（せいぜい1つの学校）に限定されます。
第2に、参加者たちの身体運動や内的状態のリアリティを測定することを求め
ないということです。先に述べたように、エスノメトリー法は、指導の評価の

ための方法ですから、個々の生徒ではなくクラス全体の身体表現量（具体的には1人あたり表現量）の変化しかデータとして用いません。つまり、測定対象は、あくまでも教師が、同僚教師や児童との長期にわたる日常的相互行為の結果として、児童における自分ごと化という心的変化を示す身体表現としての印象をもつに至った身体運動だけです。しかも、測定結果としての数値が示すのは、教師自身が自分ごと化の身体表現と見なす身体運動のうち、測定者が観察できたものだけです。そして、以上2つの制約こそが「エスノ」という語に込められた含意なのです。

　では、もしこれらの制約を取り除いた場合、将来的に何が起きるでしょうか。最後に、この問いをめぐって教育のSFを展開してみましょう。

　まず第1に、授業参加者（教師と児童生徒）以外の人が指標を設定するとどうなるでしょうか。それは授業評価の権限が教室外の誰かに移る可能性が開かれたことを意味します。その結果、教師は、みずからの指導の評価を高めるために可能なかぎり多くの児童生徒が、授業目標として定められた心的状態の表現であると称される身体運動を、みずからの合図行動で一斉に示すことを求めるようになるかもしれません。その結果、マスゲームにも似た不気味な光景が教室内に出現するでしょう。第2に、間主観的に表現・解釈されるシンボルとしての身体表現にとどまらず、児童生徒が呈示した特定の身体運動やそれに対応する心的状態のリアリティをより客観的かつ精確に測定することが求められるとどうなるでしょうか。おそらく、最初はカメラを増設したりAIがカウント作業を担ったりすることになるでしょう。実際、AIによる授業評価の試みはすでに始まっています（箕面市教育委員会 2023）。しかし、最終的に知りたいのは児童の心的状態のリアリティですから、やがては児童生徒の演技力によって左右される身体運動にこだわることをやめ（すでに現時点で「解説」は、「ふり」ではなくリアルな「成長の様子」を評価するよう注意を促しています）、ウェアラブル端末に組み込まれたセンサーや皮膚下に埋め込まれたチップで生理的変化を直接とらえることになるでしょう。さらに生理的情報を長期にわたって記録・保存すれば、児童生徒の心的状態の変化を辿ることだけでなく、ある程度までその変化

を予測することも可能になるでしょう。児童生徒や保護者がそれを拒否することも可能ですが、おそらく、それを拒否すれば効果的な授業を受けることができないという理由から、彼らは「自己（？）決定」によってこうした措置を受け入れることになるでしょう。さらにこれらの装置に GPS 機能をも組み込めば、児童生徒の学習歴をかなり精確に辿ることが可能になるでしょう。そうした装置によって、目の前の子どもが、いつ、どのような学習歴をもった誰と、どのくらいの時間接触したかを把握でき、かつ、そうした情報を集積したビッグデータがあれば、児童生徒の心的状態の由来をはるかに正確に把握するとともに、その将来的な変化をもはるかに高い確率で予測できるようになるでしょう。

　そうした時代が訪れた時、「私は誰なのか？」「私はこの岐路で何を選べばよいのか？」といった問いにすら、「私」ではなく Siri や Google や ChatGPT の方がはるかに信頼できる答えを提示してくれることでしょう。しかしその頃には、「私」という存在はすでに過去から現在に至るさまざまな経験をよせ集めただけの偶然の産物と見なされていることでしょう。そして、もはや誰も「私」の主体性や「私」が生きることの意味さえ問わなくなっているのかもしれません。

　しかし、私たちはなぜそこまで精確な測定を求めるのでしょうか。それは、本来知りえぬはずの未来（カオス）について可能なかぎり精確に予測したいからでしょう。では何のために？　それは一言でいえば「死」を回避するためではないでしょうか。ここでいう「死」は象徴的な死であり、失業、受験の失敗、「落ちこぼれ」、不登校やひきこもりのように、それまでの社会的関係や人生の流れが断ち切られるような予測不可能な危機的状況を指します。医療の世界では、── QOL を問わなければ──患者の死は文字通りの意味でも象徴的な意味でも回避されるでしょう。しかし、教育の場合は事情が異なります。というのも、そうした人生の非連続性は両義的であって、なるほど失敗の危険（たとえば授業の予測不可能な展開）を伴うものの、事後的な意味づけによって**超越**、**飛躍**、**冒険**、**挑戦**の契機ともなりうるからです（Lenzen 1991）。であれば、

教育の場合、精確な測定によって「死」を回避することは、これらの契機を同時に失うことをも意味するでしょう。

　以上のSFを考慮すれば、エスノメトリー法における2つの制約は、この方法が不完全であるということ、すなわち教育学研究の科学化へと向かう途上にとどまっているということを意味しません。オランダの教育学者**ガート・ビースタ**（Biesta, G.）が述べているように、教育が「工学的な営み」である以上に、「道徳的な実践」でもあり、したがって、教師にとっての問いが単に「何が効果的なのか」だけでなく、「この状況でこの子どもたちにとって何が適切なのか」（ビースタ 2020, 57-58頁）でもあるのだとすれば、教育の実践と理論にとって、上記2つの制約は必要なものなのかもしれません。

 ## 第4節　実践に向けて──あなたならどうする？

　重要なのは、これらすべての出来事は、おそらく誰かあるいはなんらかの組織が、子どもたちをより厳密に管理しようとして始まるわけではないだろうということです。きっかけとなるのは、新種の授業評価方法のようなテクノロジーの開発でしょう。歴史をふり返れば、私たち人類は未だかつてあらたに生み出したテクノロジーを特定の目的に限定して主体的に利用できたことはありません。たとえどのような目的で開発されたテクノロジーであっても、そこに当初予定していなかったさまざまな人や組織、モノやコトが結びつき、想定外の、そして制御不能な働きをするものです（久保 2019）。であれば、現時点で「解説」がさまざまな留保（数値によらず、過度な分析は行わず、共感的な姿勢で、長期的な児童生徒の全体的変化を評価する等）をつけているとしても、それらはほとんど機能しないでしょう。では、あなたは1人の教師として、どのような授業評価の方法を用いますか、また、将来的に登場するであろうさまざまな授業評価テクノロジーに対してどのような態度をとりますか。

（藤川　信夫）

演 習 問 題

⑴ あなたは 1 人の教師としてどのような授業評価の方法を用いますか。児童生
　徒の評価と指導の評価の観点から自分の考えを述べてください。

⑵ あなたは、将来どのような授業評価テクノロジーが現れると思いますか。ま
　た、その授業評価テクノロジーに対してどのような態度をとりますか。

【引 用 文 献】

ビースタ, G. J. J. (2016) 藤井啓之・玉木博章訳『よい教育とはなにか——倫理・政治・民主主
　義』白澤社.

Fujikawa, N. (2023) "The applicability of the 'ethnometric method' as a support tool for teachers'
　self-evaluation: Focusing on children's physical expressions related to 'personalization and
　empathizing' in moral education" *E-Journal of Philosophy of Education: International Yearbook
　of the Philosophy of Education Society of Japan*, Vol. 8, pp. 65-92.

久保明教 (2019)『ブルーノ・ラトゥールの取説——アクターネットワーク論から存在様態探求へ』
　月曜社.

Lenzen, D. (1991) *Krankheit als Erfindung, Medizinische Eingriffe in die Kultur*, FISCHER
　Taschenbuch, Frankfurt am Main.

箕面市教育委員会 (2023)「News Release 自動写真サービス「とりんく」の画像認識 AI 技術が文
　部科学省の実証事業に採用 AI・データの利活用による効率的な教育施策振り返りと質の向上を
　目指す〜大阪府箕面市の教育現場で実証事業を開始〜」https://www.city.minoh.lg.jp/edujinken/
　documents/shienkyouiku_ai.pdf（最終閲覧日 2023 年 8 月 1 日）.

文部科学省 (2017a)「中学校学習指導要領（平成 29 年告示)」.

文部科学省 (2017b)「中学校学習指導要領（平成 29 年告示）解説　特別の教科　道徳編」.

ワークショップ

1）調べて、考えてみよう

　文部科学省や日本道徳教育学会など、さまざまな団体が道徳教育アーカイブを WEB 上で公開しています。それらのアーカイブにどのような実践事例が掲載されているかを調べ、そのなかから授業実践を 1 つ取り上げ、授業展開の特徴について考えてみましょう。

学年	
主題名	
内容項目	
教材名	
授業展開の特徴	
出典 WEB サイト	

2）議論して、発表してみよう

　大学図書館や公立図書館などには道徳科の教科書が所蔵されています。実際に複数の教科書を手に取り、どういった資料が教科書に収録されているかについて議論し、感じたことや考えたことを発表してみましょう。

3）理解を広げ、深める作品紹介

　第Ⅱ部の内容について理解を広げ、深めることができる作品を紹介します。推薦コメントを参考に、普段とは違う角度からこれらの作品を観てみましょう。

【映画】
『最強のふたり』（監督：エリック・トレダノ、オリビエ・ナカシュ、2011 年）
　事故により首から下が麻痺し車椅子生活を送る富豪の男と、彼の介護人として雇われたスラム出身の若者との交流を描いたドラマ映画です。視点 A・B・C について考えることができる作品です。また、ケアの関係性をとらえ直す視点も与えてくれるでしょう。
『監視資本主義：デジタル社会がもたらす光と影』（監督：ジェフ・オーロースキー、2020 年；Netflix）
　第 15 章の後半で描き出した SF が教育についての単なる空想でも未来の姿でもないということを知る上で重要な映画だと思います。この映画は、情報倫理教育のための教材としても大いに役立つと思います。

【小説】
『ペスト』（アルベール・カミュ、中条省平訳、光文社、2021 年）
　言わずと知れたノーベル賞作家のカミュによる不条理文学の 1 つです。絶望的な状況のなかで、人間の尊厳とは何か、連帯とは何かが問いかけられています。A・B・C・D すべての視点について考えることができる作品です。
『ものまね鳥を殺すのは：アラバマ物語　新訳版』（ハーパー・リー、上岡伸雄訳、早川書房、2023 年）
　1961 年にピューリッツァー賞を受賞した小説です。人種差別がはびこる 1930 年代のアメリカ南部を舞台に、黒人青年の事件を担当する弁護士の物語です。視点 B・C について考えることができる作品です。

解 答 例

■ 第1章 ■ ■

（1）行為の結果の予測（見通し）や価値づけのあり方をめぐって事例を問い直すことは、さまざまな教材で可能である。たとえば、「お母さんのせいきゅう書」という有名な教材では、家庭内での仕事を（私的領域に特有の）献身や奉仕とみるか、（公的領域に特有の）賃労働の類とみるかという問いが投げかけられていると見なすことができる。

（2）公教育の場としての学校で子どもの人権が十分に認められていない事例、公正に配分すべき公共財が仲間や知人に優先的に配分されている事例、先生のいうことを聞かないからという理由で公共物を使わせない事例、学校や病院などで教師や医師による子どもや患者への献身的姿勢が都合よく利用されている事例、など。

■ 第2章 ■ ■

（1）規則の尊重や遵法精神、公平や勤労などは社会契約論に、集団生活の充実は功利主義に、自律や誠実などはカントの義務論に基礎づけられているといえるだろう。また、思いやりなどは「ケアの倫理」と関わるが、あくまで道徳的価値の1つとして位置づけられるにとどまっている。「ケアの倫理」の立場からすれば、すべての道徳的価値を関係性と相互依存からとらえ直す必要がある。

（2）協働で何かをする際には社会契約論的な約束の道徳が不可欠となるだろう。また物事を効率的に進めようとするとき、リーダーは功利主義的な発想でことにあたるかもしれない。そして、ときに人はみずからの「良心」に従い、周囲の空気に逆らって声を上げる。これに対して「ケアの倫理」や「基盤的コミュニズム」は、あらゆる社会関係の基礎にあるといえる。

■ 第3章 ■ ■ ■

(1) 近年義務教育において児童生徒や学生にPCやタブレットを配布して、それらを利用しながら授業や自習を行うケースが出てきている。こうした教育へのICT利用では、機器がなければ教科書を見たりノートをとったりすることができないような「背景関係」が生じているといえる。またこうした機器によって、宿題の内容をインターネットやAIで調べてもよいのか、生徒や学生同士でどこまで宿題の内容をシェアしてよいのかなどの問題を教員側も学生側もよりいっそう考慮する必要が出てくる。

(2) SNSにおける誹謗中傷を考えてみる。これは匿名性のあるアカウントを利用するからこそ対面のコミュニケーションと比較して起こりやすくなった問題である。「主体構成の倫理」を用いて誹謗中傷に際するユーザーとSNSの関係を考えてみると、SNSに投稿するという行為とその主体（①倫理的実体）について、投稿者の素性が他者には明らかにならない匿名性と誰に向かってでもメッセージを送れるしくみによって、誹謗中傷を行いやすくなる（②従属化の様式）。そしてそのようなSNSの特性に対して、「他者を尊重する主体」になることをめざして（④自己実践の目的論）、投稿する前に内容を確認してみたり、自分のアカウントの使い方を見直してみたりする（③自己実践）。

■ 第4章 ■ ■ ■

たとえば、奈良女子高等師範学校附属小学校では木下竹治の影響を受けながら岩瀬六郎が「生活修身」を提唱した。ほかにも、玉川学園の小原國芳が「全人教育論」の立場から道徳教育を論じており、千葉県師範学校附属小学校の手塚岸衛は「自由教育論」の立場から自主的学習と自治的訓練による道徳教育を実践した。

■ 第5章 ■ ■ ■

1998年の「学習指導要領」改訂では、道徳教育が学校の教育活動全体を通じて行われるものであると目標においてあらためて明記され、そこで養うこととされる道徳

性が従来は道徳の時間において育むこととされていた道徳的な心情、判断力、実践意欲と態度から構成されると規定された。これは「行うこと」の側面から「知ること」との一体的関係を整理しようとしたものであるといえる。

■ 第6章 ■

（1）教師は、一面的に「家族愛、家庭生活の充実」を児童生徒に押しつけないためにも、社会のさまざまな問題と結びつけながら家族・家庭の多様性を知る必要がある。その一方で、たとえば、ひとり親家庭の理解が「ひとり親家庭の保護者は困窮状況にあるため、子どもの養育も不十分だ」というステレオタイプに囚われてしまうこともあるだろう。教師は家族・家庭の多様性を理解したつもりにならないという意識をもつことも重要である。

（2）SESに恵まれた家庭の子弟が多く入学する学校の場合、彼らは異なる境遇の家庭への差別的なまなざしを集団的に育んでしまう可能性がある。それを回避するための授業案として、児童生徒にみずからの家庭から得る恩恵を語らせ、社会的なマジョリティとしての特権を労せずして有していることへの気づきを促す実践が考えられる。（「マジョリティの特権を可視化する教育実践」の具体的なあり方に関しては、D. J. グッドマン（2017）出口真紀子・田辺希久子訳『真のダイバーシティをめざして──特権に無自覚なマジョリティのための社会的公正教育』（上智大学出版）を参照）

■ 第7章 ■

受験・通塾経験がある場合：学習塾で学んだ価値観の1つとしてあげられるのは、自分の目標を達成するために努力することである。それは学校の道徳授業で教わる自分自身に関する価値観（たとえば「自分でやろうと決めたことは、粘り強くやり遂げる」）と一致しているといえる。その一方、受験勉強を主な目標とする学習塾では、集団の一員としての自覚よりも、集団のなかで競争することに価値が置かれることがあるかもしれない。そこで勉強という行動の協力的な側面が見失われる可能性がある。

受験・通塾経験がない場合：友人や同級生に受験・通塾経験がない理由としては経済的な理由で学習塾に通えなかったり、成績が優秀で通う必要がなかったりすること

が考えられる。前者の場合、同じクラスで通塾していた同級生と仲良くても、受験勉強や進路に関しては共通の話題を作りにくかったかもしれない。そして、自分自身には開かれていなかった道の存在を知り、教育における不平等を感じたこともあるかもしれない。後者の場合、通塾していた同級生との受験勉強への関わり方の違いに気づいていたかもしれない。学習塾では受験勉強の効率性を強調する傾向があるので、その独自の学習スタイルに違和感を感じた可能性がある。

■ 第8章 ■

（1）最初の時点では、道徳授業のねらいをどう定めるかについて、授業者の願いを強くもつことによって、児童生徒を明確なゴールへと導いていくことが重要であると考えていた。しかし、本章を読み、授業者の願いは、道徳授業のねらいとしては相応しくない可能性があることを知った。ただし、児童生徒を明確なゴールへと導いていくこと自体は、その望ましさが社会において広く認められうるかぎり、必ずしも否定されるべきではないことも知った。このことを踏まえ、道徳授業のねらい定める際には、授業を通して児童生徒がどうなると望ましいかについて、みずからの願いをただちに肯定せず、他者の視点も取り入れながらつねに吟味するようにしたいと考える。

（2）「野中さんの挑戦について、目標の実現のために最後までしんぼう強くやり通そうとした気持ちのすばらしさを考えさせつつ、気持ちより大切なものとは何かも考えさせることによって、目標とのよりよい向き合い方を身につけさせる」など。

■ 第9章 ■

前者の姿勢には、互いの立場を尊重しているようでいて、各自が自分の立場に安住し、互いに関係することを止め、問題を放置してしまうような側面がある。一方、後者には「私たちはともに生きている」という前提に立ち、自分がいかに他者やものごとと関係し、行動していくかを問う姿勢がある。その点で両者は異なる。具体的な例として障害者や女性など社会的弱者に対する包摂的排除の問題があげられる。（第11章参照）

■ 第10章 ■ ▨ ▨

（1）「中学校学習指導要領解説」では、道徳的価値の理解が「道徳的価値の意味を捉えること、またその意味を明確にしていくこと」（14-15頁）と定義されている。小学校との違いとして、内容項目をよりよく生きる上で大切なことであると理解する価値理解の側面にあまり言及されていないことをあげることができる。その理由として、たとえば、価値理解は小学校段階で十分になされていると見なし、中学校ではそれをふまえた発展的指導が求められているからと考えることもできる。

（2）授業改善案にはさまざまなものが考えられる。教材上の重要と思われる行為に着目し、道徳的に当たり前とされることがらがその行為からどのように生じるのか／生じないのかを問うという観点から授業展開を考えてみよう。

■ 第11章 ■ ▨ ▨

授業内容：なんらかの形で地域に貢献している人（日本人・外国ルーツの人両方）の事例をあげ、地域に貢献するということはどういうことなのかを思考させると同時に、自分が将来どのような形で地域に貢献したいか・できるかを考えさせる。／授業形式：講義形式を中心とし、考えたことを発言させる時間を設ける。外国人を題材とする授業であることを考慮し、教師の目の届かないところで外国ルーツの生徒へのからかいが発生しないよう、グループワークは行わない。

■ 第12章 ■ ▨ ▨

スタジオジブリ作品のなかには、人間と「人間の力を超えたもの」との出会いがしばしば登場する（「となりのトトロ」（1988）「千と千尋の神隠し」（2001）「借りぐらしのアリエッティ」（2010）など）。

■ 第13章 ■ ▨ ▨

監督の話に納得できない理由を本文に即して考える授業を行う。納得できないの

は、指示に背いたプレイが勝ちを呼んだためのみならず、何を成長とみるのかについての監督の考えに読者が疑問をもつためである。この物語は、星野くんが監督の指示に背いた過去を反省する成長譚である。監督は、どんな時も指示に従うことで人は成長するというが、時に立ち止まり、自分で考えられるようになることも、成長と見なせるはずである。

■ 第14章 ■ ■

　この授業で用いられた教材は説明文形式のものではなく、詩という芸術的形式をである。この教材の芸術的形式が、朗読に対する自由な演出という演劇的手法の活用とそれを通じた教材の内容や価値の「多面的・多角的」理解を容易にしたとも考えられるのではないだろうか。もし教材が詩でなかった場合「教えない」授業をどうデザインすればよいのか考えてみる必要があるだろう。

■ 第15章 ■ ■

　(1) 児童生徒の評価については、現行の「学習指導要領」において、数値による評価を行わないことになっているため、授業をはじめ目の届く範囲内で可能なかぎり正確に児童生徒の変化をとらえ、毎日メモを残しておく。他方、指導の評価、つまり自分の授業を評価する場合には、計量的データを用いることもありうる。ただし、データの収集や分析を他者任せにすることは極力避け、他者に任せる場合でも、少なくとも調査方法や分析結果を自分で吟味できるだけの力量を身につけておきたい。

　(2) ほかのICTの発展と同様、授業評価テクノロジーも、ユーザーに関するデータを商品とし、またユーザーの行動を気づかぬうちに操作する方向で発展を遂げると思われる。すでに今日の私たちは携帯端末を通じてそうした状態にあるが、依存症に陥っていないかぎり携帯端末を手放す可能性は残されている。しかし、マイクロチップを皮膚下に埋め込むことになると、もはやそれは不可能である。したがって、マイクロチップの埋め込みに際しては、それと引き換えに得られるサービスが本当にわれわれの幸福につながるものなのかを改めて慎重に吟味・議論すべきだと思う。

事 項 索 引

人 名 索 引

執筆者紹介 (執筆順)

藤川　信夫（ふじかわ　のぶお）監修、巻頭言、第 15 章

紹介は奥付参照。

國崎　大恩（くにさき　たいおん）編者、序章、第 5・10 章

紹介は奥付参照。

Kim Mawer（きむ　まわー）編者、序章、第 7 章

紹介は奥付参照。

松下　良平（まつした　りょうへい）第 1 章

武庫川女子大学教育学部教授

京都大学大学院教育学研究科博士後期課程学修認定退学　博士（教育学）

主著：『知ることの力──心情主義の道徳教育を超えて』勁草書房 2002 年、『道徳の伝達──モダンとポストモダンを超えて』日本図書センター 2004 年、『道徳教育はホントに道徳的か？──「生きづらさ」の背景を探る』日本図書センター 2011 年

渋谷　亮（しぶや　りょう）第 2 章

龍谷大学文学部准教授

大阪大学大学院人間科学研究科博士後期課程単位取得退学　博士（人間科学）

主著：『すき間の子ども、すき間の支援──一人ひとりの「語り」と経験の可視化』明石書店 2021 年（分担執筆）、『障害理解のリフレクション──行為と言葉が描く〈他者〉と共にある世界』ちとせプレス 2023 年（分担執筆）

秋葉　豊（あきば　ゆたか）第 3 章

名古屋大学大学院情報学研究科博士前期課程在学

大阪大学人間科学部　学士（人間科学）

渡邊　隆信（わたなべ　たかのぶ）第 4 章

神戸大学国際人間科学部子ども教育学科教授

広島大学大学院教育学研究科博士課程後期単位取得退学　博士（教育学）

主著：『ドイツ自由学校共同体の研究──オーデンヴァルト校の日常生活史』風間書房 2016 年、『「特別の教科 道徳」が担うグローバル化時代の道徳教育』北大路書房 2016 年（共編著）、『森のような教師──日本とドイツの学窓から』共和国 2023 年

高田　俊輔（たかだ　しゅんすけ）第 6 章

上越教育大学大学院学校教育研究科講師

大阪大学大学院人間科学研究科博士後期課程単位取得退学　博士（人間科学）

主著：『教育による包摂／排除に抗する児童福祉の理念――児童自立支援施設の就学義務化から』春風社 2024 年

塚野　慧星（つかの　けいせい）第 8 章

九州大学大学院人間学研究院教育学部門助教

九州大学大学院人間環境学府教育システム専攻博士後期課程単位取得退学　修士（教育学）

主著：「道徳教育の教材を「秩序ある未確定の場」として捉える視点――カントの『実用的見地における人間学』から得られる示唆をもとに」『教育学研究』第 89 巻第 2 号，195-206 頁，2022 年

片桐　由美子（かたぎり　ゆみこ）第 9 章

大阪大学人間科学研究科博士後期課程在学

大阪大学人間科学研究科博士前期課程修了　修士（人間科学）

奥村（保道）晴奈（おくむら　はるな）第 11 章

大阪大学大学院人間科学研究科博士後期課程

大阪大学大学院人間科学研究科博士前期課程修了　修士（人間科学）

主著：「アラブ・オープン大学のトランスナショナルな制度的展開に関する一考察」『大阪大谷大学紀要』第 53 号，127-139 頁，2019 年（共著）、『実践につながる教育原理』北樹出版 2022 年（分担執筆）

上林　梓（うえばやし　あずさ）第 12 章

大阪大学 21 世紀懐徳堂特任研究員

大阪大学大学院人間科学研究科博士後期課程単位修得退学　修士（人間科学）

杵渕　拓樹（きねぶち　ひろき）第 13 章

大阪大学大学院人間科学研究科博士前期課程在籍

主著：「言表（énoncé）という現実の所在――田中小実昌「ポロポロ」」『青銅』第 51 集，60-67 頁，2021 年

紙本　明子（かみもと　あきこ）第 14 章

劇団衛星所属・大阪大学特任研究員

俳優・演劇ワークショップ講師・ワークショップデザイナー

元林　信雄（もとばやし　のぶお）第 14 章

劇団衛星所属

俳優・演劇ワークショップ講師

第 10 回関西現代演劇男優賞受賞（2009 年）

監修者紹介

藤川　信夫

大阪大学大学院人間科学研究科教授，博士（教育学）

広島大学大学院教育学研究科博士後期課程単位取得退学，広島大学
大学院教育学研究科講師を経て，現職

　主著：『教育／福祉という舞台――動的ドラマトゥルギーの試み』
　　　（大阪大学出版会，編著）、『人生の調律師たち――動的ドラ
　　　マトゥルギーの展開』（春風社，編著）、『実践につながる教
　　　育原理』（北樹出版，編著）ほか

編著者紹介

國崎　大恩

福井県立大学学術教養センター准教授，修士（人間科学）

小学校教員，大阪大学大学院人間科学研究科博士後期課程単位取得
退学，兵庫教育大学特命助教，神戸常盤大学准教授等を経て，現職

　主著：『実践につながる教育原理』（北樹出版，編著）、『民主主義と
　　　教育の再創造――デューイ研究の未来へ』（勁草書房，分担
　　　執筆）、『子どもの未来と教育を考えるⅡ』（北樹出版，分担
　　　執筆）

Kim Mawer

大阪大学人間科学部人間科学コース特任助教

大阪大学大学院人間科学研究科博士後期課程単位取得退学　博士
（人間科学）

　主著：『実践につながる教育原理』（北樹出版，分担執筆）、“Casting
　new light on shadow education: snapshots of juku variety,”
　Contemporary Japan, 27（2），pp. 131-148, 2016.

実践につながる道徳教育論

2024年5月20日　初版第1刷発行

監　修	藤川　信夫	
編著者	國崎　大恩	
	Kim Mawer	
発行者	木村　慎也	

定価はカバーに表示　　印刷　恵友社　製本　和光堂

発行所　株式会社　北樹出版

〒153-0061　東京都目黒区中目黒1-2-6
URL : http://www.hokuju.jp
電話(03)3715-1525(代表)　FAX(03)5720-1488

© 2024, Printed in Japan　　　　ISBN 978-4-7793-0752-2
（落丁・乱丁の場合はお取り替えします）